Andromaque

RACINE

Ouvrage publié sous la direction de
MARYSE AVIÉRINOS

Édition présentée par
MARIE-HÉLÈNE BRUNET
Agrégée de lettres modernes

D0595781

www.universdeslettres.com

Voir « LE TEXTE ET SES IMAGES » p. 138
pour l'exploitation de l'iconographie de ce dossier.

1. *Les Adieux d'Hector et d'Andromaque*, tableau d'après Jean Restout
(1692-1768). (Musée des Beaux-Arts, Orléans.)

ARRIÈRE-PLANS MYTHOLOGIQUES

2. *La Prise de Troie*, tableau de L'École française, début du XVIIᵉ s. (Musée des Beaux-Arts, Blois.)

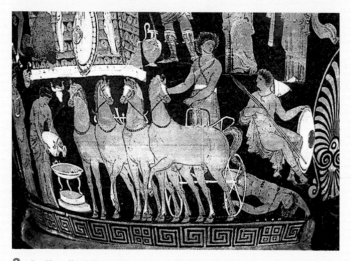

3. *Le Char d'Achille traînant le corps d'Hector*, détail d'un cratère du peintre de Darius, vers 340-330 av. J.-C. (Museo archeologico nazionale, Naples.)

3

4. *Comédiens françois,* tableau de Antoine Watteau (1684-1721).
(The Metropolitan Museum of Art, The Jules Bache Collection, 1949,
New York.)

CONCEPTIONS DU PATHÉTIQUE

5. Illustration pour *Andromaque*, acte III, scène 7, Girodet.
(Bibliothèque de l'Arsenal, Paris.)

6. *Méduse*, tableau du Caravage, vers 1596-1598.
(Galleria degli Uffizi, Florence.)

7. *Le sommeil de la raison engendre des monstres,* eau-forte de Francisco de Goya y Lucientes (1746-1828). (Bibliothèque nationale de France, Paris.)

8. Richard Berry (ORESTE) et Jean Reno (PYLADE) dans la mise en scène de Roger Planchon, TNP de Lyon, 1989.

9. Sabine Haudepin (HERMIONE), Laurence Bienvenu (CLÉONE)
et Ophélia Teillaud (ANDROMAQUE) dans la mise en scène de Marc Zammit,
Théâtre national de Chaillot, 1992.

10. Geneviève Casile
(ANDROMAQUE)
dans la mise en
scène de Patrice
Kerbrat, Comédie-
Française, 1981.

11. Michèle Baumgartner
(ANDROMAQUE)
dans la mise en scène
de Daniel Mesguich,
Biothéâtre Opéra,
1975.

12. Catherine Sellers (ANDROMAQUE) et Jean Desailly (PYRRHUS) dans la mise en scène de Jean-Louis Barrault, Odéon-Théâtre de France, 1962.

13. André Marcon (PYRRHUS) et Christine Boisson (ANDROMAQUE) dans la mise en scène de Roger Planchon, TNP de Lyon, 1989.

14. Sabine Haudepin (HERMIONE) et Didier Sandre (ORESTE) dans la mise en scène de Marc Zammit, Théâtre national de Chaillot, 1992.

15. José Maria Flotats (ORESTE) et Nicolas Silberg (PYLADE) dans la mise en scène de Patrice Kerbrat, Comédie-Française, 1981.

16. Marcelle Gabarre (CÉPHISE), Germaine Rouer (ANDROMAQUE),
Véra Korène (HERMIONE) et Christiane Charpentier (CLÉONE)
dans la mise en scène de Maurice Donneaud, Comédie-Française, 1947.

GESTUELLE TRAGIQUE

17-18. Geneviève Page (HERMIONE) et Daniel Ivernel (ORESTE) dans la mise
en scène de Jean-Louis Barrault, Odéon-Théâtre de France, 1962.

19. *Andromaque et Pyrrhus*, tableau de Pierre Narcisse, baron Guérin (1774-1833). (Musée du Louvre, Paris.)

REGARDS
SUR L'ŒUVRE

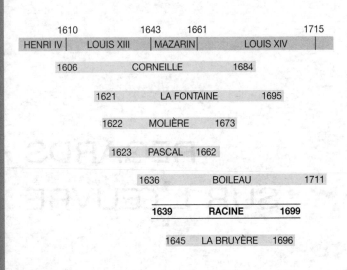

1610		1643	1661		1715
HENRI IV	LOUIS XIII	MAZARIN	LOUIS XIV		

1606   CORNEILLE   1684

1621   LA FONTAINE   1695

1622   MOLIÈRE   1673

1623   PASCAL   1662

1636   BOILEAU   1711

1639   RACINE   1699

1645   LA BRUYÈRE   1696

ŒUVRES DE RACINE

1664	*La Thébaïde* *	1672	*Bajazet*
1665	*Alexandre le Grand*	1673	*Mithridate*
1667	***Andromaque* ***	1674	*Iphigénie* *
1668	*Les Plaideurs* •	1677	*Phèdre* *
1669	*Britannicus*	1689	*Esther*
1670	*Bérénice*	1691	*Athalie*

---

* Tragédies tirées de la mythologie   • Comédie

LIRE AUJOURD'HUI
ANDROMAQUE

« Il n'y a pas d'amour heureux », dit le poète. Et il est vrai que le charme d'*Andromaque* est celui des passions malheureuses. Seulement, à la différence de *Tristan et Yseut* ou de *Cyrano de Bergerac*, il ne s'agit pas ici de la poursuite d'un bonheur impossible, mais de toute une chaîne de personnages offrant un amour qu'on dédaigne ; l'intervention de rapports de force politiques donne pouvoir au faible sur le fort – ou l'inverse. *Andromaque* se fait ainsi la tragédie du chantage et de la cruauté.

Alors que les contemporains de Racine ont surtout apprécié l'alliance des subtilités de la galanterie et de la puissance tragique, notre sensibilité réagit différemment. À la présence constante de la mort, fait écho pour nous l'extraordinaire violence des sentiments : combien nous sont proches l'amitié et le dévouement de Pylade, les déchirements d'Andromaque partagée entre son fils et son époux mort, la fureur jalouse d'Hermione, la passion qui possède Oreste jusqu'à la folie…

Cette violence atteint un tel paroxysme qu'elle devient poésie pure, non seulement dans la simplicité des vers qui ont traversé le temps (« Captive, toujours triste, importune à moi-même »…), mais dans la musique des plus beaux passages lyriques. À lire *Andromaque*, on découvre que la passion trouve dans le cadre solennel, parfois austère, de la tragédie et de l'alexandrin classiques non pas un obstacle à sa violence, mais une forme qui l'exalte : ce paradoxe n'est pas sa moindre séduction.

REPÈRES

L'AUTEUR : Jean Racine.

PREMIÈRE REPRÉSENTATION : 17 novembre 1667.

PREMIÈRE PUBLICATION : 1668.

LE GENRE :

Tragédie classique inspirée de l'Antiquité grecque ; un sujet emprunté à la légende de la guerre de Troie.

LE CONTEXTE :

– l'apogée du règne de Louis XIV, le Roi-Soleil, conquérant, vainqueur de la guerre de Dévolution (guerre aux Pays-Bas contre l'Espagne, 1667-1668),

– la rivalité de Racine avec son aîné Corneille, et sa rupture avec Molière,

– une relation amoureuse avec la comédienne Thérèse Du Parc, pour qui il crée le rôle d'Andromaque.

LA PIÈCE :

• **forme et structure** : cinq actes en vers, vingt-huit scènes, huit rôles et des personnages absents, mais influant sur l'intrigue : Hector, mort à la guerre, mais immortel dans le cœur d'Andromaque ; Astyanax, le fils d'Hector et d'Andromaque, dont le sort incertain fait vaciller les raisons et les passions.

• **lieu et temps** : le palais de Pyrrhus, roi d'Épire (région située au nord de la Grèce), dix ans après la destruction de Troie par les Grecs.

• **personnages** :

Les protagonistes : l'héroïne, Andromaque, otage de Pyrrhus, veuve inconsolable du chef troyen Hector et mère affligée d'Astyanax ; Pyrrhus, fils d'Achille, prince écartelé entre son parti (les Grecs) et son amour pour une ennemie troyenne (Andromaque) ; Oreste, représentant des Grecs et amoureux d'Hermione, une princesse grecque promise à Pyrrhus, obnubilés tous deux par une passion sans espoir.

THÉÂTRE SARAH-BERNHARDT. — ANDROMAQUE. — Acte Ier.

Photographie d'*Andromaque*, extraite de « Le Théâtre », n° 102, mars 1903.

Les confidents : Pylade, l'ami fidèle et compatissant d'Oreste ; Cléone, Céphise et Phœnix, impuissants auprès des autres protagonistes.

Les soldats d'Oreste, figurants muets.

• **Intrigue** : une chaîne de passions malheureuses suspendue au dilemme d'Andromaque, trahir la mémoire de son époux ou mettre en danger la vie de son fils. Qui pourra échapper au terrible engrenage des passions confrontées aux intérêts politiques ?

LES ENJEUX :

– le développement impitoyable de la mécanique tragique : le piège inéluctable de la fatalité,

– tragédie politique et tragédie amoureuse : sous le masque des décisions d'État, le déchaînement incontrôlé et funeste des passions,

– des héros tragiques d'un nouveau type : résolus et incohérents, aux passions parallèles et inconciliables.

RACINE ET *ANDROMAQUE*

UNE ENFANCE ÉPROUVÉE

C'est vers la mi-décembre 1639 que naît Jean Racine à La Ferté-Milon (dans l'Aisne). Sa mère meurt dès 1641 et son père en 1643. L'enfant est alors recueilli par ses grands-parents paternels, des gens pieux, liés avec les jansénistes de **Port-Royal-des-Champs**[1]. À la mort du grand-père, en 1649, Jean Racine est inscrit par sa grand-mère à l'école du couvent où il apprend le latin et le grec. Puis les Solitaires l'envoient un an à Paris (1658-1659) pour apprendre la philosophie : ils voudraient en faire un avocat ou un théologien.

L'ATTRAIT DE LA VIE MONDAINE

En découvrant Paris, Racine est séduit par la vie des salons ; il se lie d'amitié avec La Fontaine. En 1661, il se rend dans le sud de la France, à Uzès, chez un oncle chanoine dont il espère obtenir un bénéfice ecclésiastique[2], mais en vain... Après s'être ennuyé, pendant un an, dans cette province lointaine, il revient à Paris, **fasciné par le milieu littéraire et mondain**. Il fait alors la connaissance de Boileau et devient son ami.

DES RUPTURES ÉCLATANTES

La première pièce qu'il fait monter par la troupe de Molière, en 1664, s'intitule *La Thébaïde ou les Frères ennemis*, mais elle

---

1. **Port-Royal-des-Champs** : abbaye de femmes, située près de Paris (une tante de Racine y fut abbesse, sous le nom de « Mère Agnès de Sainte-Thècle »). Près du couvent vivaient aussi des hommes pieux qui avaient voulu se retirer du monde ; on les appelait les Solitaires. Ce sont eux qui avaient fondé l'école. Le couvent était considéré à l'époque de Racine comme le foyer du jansénisme, courant de pensée religieux qui tient son nom du théologien Jansénius (1585-1638). Celui-ci enseignait des idées austères et professait la croyance dans la prédestination de certains hommes au salut éternel.
2. **Bénéfice ecclésiastique** : revenu attaché à la fonction d'homme d'Église.

obtient peu de succès. En 1665, il attire l'attention avec *Alexandre*. Une double rupture – jugée scandaleuse – marque cette période de sa vie : d'une part il se brouille avec Molière et lui retire sa tragédie pour la faire jouer par une troupe rivale, celle de l'Hôtel de Bourgogne. D'autre part, en 1666, il rompt avec les Solitaires de Port-Royal, mécontent de la condamnation morale que certains d'entre eux portent contre le théâtre.

LE TRIOMPHE D'*ANDROMAQUE*

Racine est introduit à la Cour dans le cercle de Madame, belle-sœur du roi. Il a donc désormais toute latitude pour transposer les milieux princiers dans ses drames. De plus, la comédienne Thérèse Du Parc, dont le nom de scène est Marquise, quitte la troupe de Molière et rallie celle de Racine dont elle devient la maîtresse : c'est pour elle qu'il va créer le rôle d'Andromaque. Pour renouveler la dramaturgie, Racine choisit un sujet antique qu'il transforme en **tragédie moderne** : il imagine une action simple, dépouillée, et concentre toute l'attention du spectateur sur un dilemme imposé aux personnages principaux. D'abord lue à Madame, qu'elle émut beaucoup, dit-on, puis jouée dans l'appartement de la reine, *Andromaque* est présentée au public en novembre 1667 sur la scène de l'Hôtel de Bourgogne, avec une distribution prestigieuse : Floridor dans le rôle de Pyrrhus, Montfleury dans celui d'Oreste, Mlle des Œillets dans le rôle d'Hermione, et Marquise dans celui d'Andromaque. C'est un immense succès, qui propulse l'auteur au rang des dramaturges célèbres, devant même le grand Corneille. Louis Racine, son fils, écrivant plus tard un *Mémoire sur la vie et les ouvrages de Jean Racine*, assure qu'*Andromaque* fit « à peu près le même bruit que *Le Cid* avait fait dans les premières représentations ».

LES DÉTRACTEURS D'*ANDROMAQUE*

Ce triomphe déchaîne la jalousie des auteurs et de leurs partisans. Le marquis de Créqui et le comte d'Olonne condamnent au nom de la vraisemblance le chagrin trop durable de la veuve d'Hector et l'amour exagéré de Pyrrhus pour sa captive. Racine leur répond par des épigrammes mordantes. Il est plus affecté, quelques mois après (mai 1668), par la représentation d'une petite comédie anonyme en trois actes intitulée *La Folle Querelle ou La Critique d'Andromaque* (voir p. 190) qu'on attribua d'abord à Molière, mais dont la paternité fut ensuite revendiquée par l'écrivain Subligny. Comme dans *La Critique de l'École des femmes*, la pièce revêt la forme d'une conversation de salon où chacun prend parti pour ou contre la pièce à la mode. Au lieu d'exprimer directement ses opinions, l'auteur les met dans la bouche de ses personnages ; présentées comme les éloges maladroits d'admirateurs sots et ignorants, les railleries n'en sont que plus piquantes ; au contraire, les adversaires de la tragédie sont incarnés par des personnages pleins d'esprit et de délicatesse. Les critiques de Subligny portent sur la violence et l'emportement de Pyrrhus, son manque de respect et de galanterie à l'égard d'Andromaque, de loyauté à l'égard d'Hermione. Vivement touché, Racine combattra avec chaleur ces accusations dans sa préface de 1668 (voir p. 30-32). Subligny se livre aussi à une critique minutieuse des vers de Racine, contestant des expressions, des tournures de phrases ou certaines images jugées trop hardies. D'après Louis Racine, *La Folle Querelle* « ne fut pas inutile à l'auteur critiqué, qui corrigea, dans la seconde édition d'*Andromaque* [en fait, la troisième], quelques négligences de style, et laissa néanmoins subsister certains tours nouveaux, que Subligny mettait au nombre des fautes de style, et qui, ayant été approuvés depuis comme des tours heureux, sont devenus familiers à notre langage ». Le succès d'*Andromaque* ne fut nullement terni par les objections de Subligny, souvent mesquines et absurdes comparées au génie du dramaturge. Racine jouit alors, non seulement de la gloire, mais aussi de l'aisance matérielle grâce à une pension accordée par le roi.

UN SUCCÈS SANS DÉMENTI

Toutes les pièces qui suivent *Andromaque* reçoivent un accueil très favorable, de la Cour comme du public. En 1668, Racine donne son unique comédie, *Les Plaideurs* ; il revient à la tragédie avec *Britannicus* (1669), *Bérénice* (1670), *Bajazet* (1672), *Mithridate* (1673) ; cette année-là, il est reçu à l'Académie française ; en 1674, il représente *Iphigénie*. Il gagne l'estime des plus grands et la faveur du roi.

En 1677, c'est le sommet de sa carrière avec la création de *Phèdre*, unanimement reconnue comme le chef-d'œuvre de la tragédie classique. Nommé avec Boileau historiographe[1] du roi, il modifie son train de vie. Il se réconcilie alors avec les Solitaires de Port-Royal et se marie avec Catherine Romanet, dont il aura sept enfants.

UNE BELLE RÉUSSITE SOCIALE

Sa fonction d'historiographe l'accapare et l'éloigne du métier – moins prestigieux – de dramaturge : il cesse alors d'écrire pour le théâtre. C'est seulement en 1689 et en 1691 qu'il compose respectivement *Esther* et *Athalie*, tragédies d'inspiration biblique, pour satisfaire la demande de Madame de Maintenon, maîtresse puis épouse du roi ; ces pièces sont destinées à être jouées par des jeunes filles, « les demoiselles de Saint-Cyr » (élèves au collège de Saint-Cyr-l'École, fondé par Madame de Maintenon pour les jeunes filles nobles sans fortune).

L'ascension sociale de Racine se poursuit : il est nommé secrétaire-conseiller du roi en 1696. Il meurt à Paris le 21 avril 1699 et est enterré à Port-Royal, comme il le souhaitait dans son testament.

---

1. **Historiographe :** écrivain nommé officiellement pour rédiger l'histoire d'un règne, d'un monarque.

Portrait de Jean Racine par François de Troy (1645-1730).
(Musée du Breuil de Saint-Germain, Langres.)

Andromaque

RACINE

tragédie

*représentée pour la première fois
à la Cour,
dans l'appartement de la reine,
le 17 novembre 1667*

À MADAME[1]

MADAME,

Ce n'est pas sans sujet que je mets votre illustre nom à la tête de cet ouvrage. Et de quel autre nom pourrais-je éblouir les yeux de mes lecteurs, que de celui dont mes spectateurs ont
5 été si heureusement éblouis ? On savait que VOTRE ALTESSE ROYALE avait daigné prendre soin de la conduite de ma tragédie. On savait que vous m'aviez prêté quelques-unes de vos lumières pour y ajouter de nouveaux ornements. On savait enfin que vous l'aviez honorée de quelques larmes dès la
10 première lecture que je vous en fis. Pardonnez-moi, MADAME, si j'ose me vanter de cet heureux commencement de sa destinée. Il me console bien glorieusement de la dureté de ceux qui ne voudraient pas s'en laisser toucher[2]. Je leur permets de condamner l'*Andromaque* tant qu'ils voudront, pourvu qu'il
15 me soit permis d'appeler de toutes les subtilités de leur esprit au cœur de VOTRE ALTESSE ROYALE.

Mais, MADAME, ce n'est pas seulement du cœur[3] que vous jugez de la bonté[4] d'un ouvrage, c'est avec une intelligence qu'aucune fausse lueur ne saurait tromper. Pouvons-nous
20 mettre sur la scène une histoire que vous ne possédiez[5] aussi bien que nous ? Pouvons-nous faire jouer une intrigue dont vous ne pénétriez tous les ressorts ? Et pouvons-nous concevoir des sentiments si nobles et si délicats qui ne soient infiniment au-dessous de la noblesse et de la délicatesse de vos pensées ?
25 On sait, MADAME, et VOTRE ALTESSE ROYALE a beau s'en cacher, que, dans ce haut degré de gloire où la Nature et la Fortune ont pris plaisir de vous élever, vous ne dédaignez pas cette gloire obscure que les gens de lettres s'étaient réservée.

---

1. Il s'agit d'Henriette d'Angleterre (1644-1670), épouse de « Monsieur » (Philippe d'Orléans, frère du roi Louis XIV).
2. **S'en laisser toucher :** se laisser toucher par la pièce.
3. **Du cœur :** avec le cœur (voir la ligne suivante : « c'est avec une intelligence […] »).
4. **La bonté :** la bonne qualité.
5. **Possédiez :** maîtrisiez parfaitement, connaissiez bien.

Et il semble que vous ayez voulu avoir autant d'avantage sur
30 notre sexe, par les connaissances et par la solidité de votre esprit,
que vous excellez dans le vôtre par toutes les grâces qui vous
environnent. La cour vous regarde comme l'arbitre de tout ce
qui se fait d'agréable. Et nous, qui travaillons pour plaire au
public, nous n'avons plus que faire[1] de demander aux savants si
35 nous travaillons selon les règles. La règle souveraine est de plaire
à VOTRE ALTESSE ROYALE.

Voilà sans doute la moindre de vos excellentes qualités.
Mais, MADAME, c'est la seule dont j'ai pu parler avec quelque
connaissance : les autres sont trop élevées au-dessus de moi. Je
40 n'en puis parler sans les rabaisser par la faiblesse de mes
pensées, et sans sortir de la profonde vénération avec laquelle
je suis,

MADAME,

DE VOTRE ALTESSE ROYALE,

Le très humble, très obéissant,
et très fidèle serviteur,

RACINE.

---

1. **Nous n'avons plus que faire** : nous ne nous soucions plus.

PREMIÈRE PRÉFACE[1]

Virgile au troisième livre de *l'Énéide*[2]

C'est Énée qui parle.

Littoraque Epiri legimus, portuque subimus
Chaonio, et celsam Buthroti ascendimus urbem…
Solemnes tum forte dapes et tristia dona…
Libabat cineri Andromache, Manesque vocabat
5 *Hectoreum ad tumulum, viridi quem cespite inanem,*
Et geminas, causam lacrymis, sacraverat aras…
Dejecit vultum, et demissa voce locuta est :
« O felix una ante alias Priameia virgo,
Hostilem ad tumulum, Trojæ sub mœnibus altis,
10 *Jussa mori, quæ sortitus non pertulit ullos,*
Nec victoris heri tetigit captiva cubile !
Nos, patria incensa, diversa per æquora vectæ,
Stirpis Achilleæ fastus, juvenemque superbum,
Servitio enixæ, tulimus, qui deinde secutus
15 *Ledæam Hermionem, Lacedæmoniosque hymenæos…*
Ast illum, ereptæ magno inflammatus amore
Conjugis, et scelerum Furiis agitatus, Orestes
Excipit incautum, patriasque obtruncat ad aras. »

Voilà, en peu de vers, tout le sujet de cette tragédie. Voilà
20 le lieu de la scène, l'action qui s'y passe, les quatre principaux
acteurs[3], et même leurs caractères. Excepté celui d'Hermione,

---

1. Racine l'écrivit en 1668 pour répondre aux critiques formulées contre *Andromaque*.
2. Longue épopée du poète latin Virgile (Ier siècle av. J.-C.) qui raconte le périple et l'établissement des Troyens (dont le chef est Énée) pour préparer la fondation de Rome. Ce passage reproduit les lamentations d'Andromaque sur son sort de captive et fait allusion au meurtre de Pyrrhus par Oreste. Pour la traduction, voir p. 32.
3. **Acteurs :** nous disons aujourd'hui « personnages » et réservons le mot « acteur » pour désigner la personne qui joue un rôle.

dont la jalousie et les emportements sont assez marqués dans l'*Andromaque* d'Euripide[1].

25 Mais véritablement mes personnages sont si fameux dans l'Antiquité, que, pour peu qu'on la connaisse, on verra fort bien que je les ai rendus tels que les anciens poètes nous les ont donnés. Aussi n'ai-je pas pensé qu'il me fût permis de rien changer à leurs mœurs. Toute la liberté que j'ai prise, ç'a été d'adoucir un peu la férocité de Pyrrhus, que Sénèque[2], dans sa
30 *Troade*, et Virgile, dans le second[3] de *l'Énéide*, ont poussée beaucoup plus loin que je n'ai cru le devoir faire.

Encore s'est-il trouvé des gens qui se sont plaints qu'il s'emportât contre Andromaque, et qu'il voulût épouser une captive à quelque prix que ce fût. J'avoue qu'il n'est pas assez
35 résigné à la volonté de sa maîtresse, et que Céladon[4] a mieux connu que lui le parfait amour. Mais que faire ? Pyrrhus n'avait pas lu nos romans. Il était violent de son naturel. Et tous les héros ne sont pas faits pour être des Céladons.

Quoi qu'il en soit, le public m'a été trop favorable pour
40 m'embarrasser du chagrin[5] particulier de deux ou trois personnes qui voudraient qu'on réformât tous les héros de l'Antiquité pour en faire des héros parfaits. Je trouve leur intention fort bonne de vouloir qu'on ne mette sur la scène que des hommes impeccables[6]. Mais je les prie de se souvenir
45 que ce n'est pas à moi de changer les règles du théâtre. Horace[7] nous recommande de dépeindre Achille farouche, inexorable, violent, tel qu'il était, et tel qu'on dépeint son fils. Aristote[8], bien éloigné de nous demander des héros

---

1. Poète tragique grec, du Vᵉ siècle av. J.-C.
2. Écrivain latin du Iᵉʳ siècle av. J.-C. Il a écrit une tragédie que Racine intitule ici *Troade*, mais que nous appelons *Les Troyennes*, où il relate notamment le meurtre d'Astyanax.
3. Le second livre de *l'Énéide*.
4. Héros de *L'Astrée*, roman précieux d'Honoré d'Urfé (1567-1625) ; il incarne le type du parfait amoureux.
5. **Pour m'embarrasser du chagrin :** pour que je me laisse impressionner par le mécontentement…
6. **Impeccables :** incapables de commettre une faute, irréprochables.
7. Poète latin du Iᵉʳ siècle av. J.-C.
8. Philosophe grec du IVᵉ siècle av. J.-C. qui, dans son ouvrage *La Poétique*, traite de la tragédie et de l'épopée.

parfaits, veut au contraire que les personnages tragiques,
50 c'est-à-dire ceux dont le malheur fait la catastrophe de la
tragédie, ne soient ni tout à fait bons, ni tout à fait méchants.
Il ne veut pas qu'ils soient extrêmement bons, parce que la
punition d'un homme de bien exciterait plus l'indignation
que la pitié du spectateur ; ni qu'ils soient méchants avec
55 excès, parce qu'on n'a point pitié d'un scélérat. Il faut donc
qu'ils aient une bonté médiocre[1], c'est-à-dire une vertu capable de faiblesse, et qu'ils tombent dans le malheur par
quelque faute qui les fasse plaindre sans les faire détester.

Traduction des vers de Virgile :

« Nous longeons les côtes de l'Épire et, entrés dans le port de
Chaonie, nous nous dirigeons vers la haute ville de Buthrote. [...] À
ce moment, aux portes de la ville, dans un bois sacré, sur les bords
d'un cours d'eau qui imitait le Simoïs, Andromaque offrait à la
cendre d'Hector les mets accoutumés et les présents funèbres, et
elle invoquait les mânes, devant un cénotaphe de vert gazon et deux
autels consacrés pour le pleurer toujours [...]. Elle baisse les yeux et
la voix et me dit : "Heureuse avant toutes la fille de Priam condamnée à mourir sur le tombeau d'un ennemi, devant les hauts murs de
Troie : elle n'a pas eu à subir le tirage au sort et n'a pas touché, en
captive, le lit d'un vainqueur et d'un maître. Nous, des cendres de
notre patrie traînées sur toutes les mers, nous avons enduré l'orgueil
du fils d'Achille et son insolente jeunesse et nous avons enfanté dans
la servitude. Puis, lorsqu'il a suivi la petite fille de Léda, Hermione,
et qu'il a rêvé d'un hymen lacédémonien, il m'a passée moi son
esclave à son esclave Hélénus, comme une chose. Mais, enflammé
d'amour pour la femme qui lui était ravie et harcelé par les Furies de
son parricide, Oreste le surprend devant l'autel d'Achille et l'égorge
à l'improviste." »

Énéide, livre III, v. 292 et suivants,
traduction d'André Bellessort, Les Belles Lettres, 1948.

---

1. **Médiocre** : conformément à son étymologie, cet adjectif a le sens de
« moyenne », sans valeur péjorative.

SECONDE PRÉFACE[1]

Virgile au troisième livre de *l'Énéide*

C'est Énée qui parle :

Littoraque Epiri legimus, portuque subimus
Chaonio, et celsam Buthroti ascendimus urbem...
Solemnes tum forte dapes et tristia dona...
Libabat cineri Andromache, Manesque vocabat
5 *Hectoreum ad tumulum, viridi quem cespite inanem,*
Et geminas, causam lacrymis, sacraverat aras...
Dejecit vultum, et demissa voce locuta est :
« *O felix una ante alias Priameia virgo,*
Hostilem ad tumulum, Trojæ sub mœnibus altis,
10 *Jussa mori, quæ sortitus non pertulit ullos,*
Nec victoris heri tetigit captiva cubile !
Nos, patria incensa, diversa per æquora vectæ,
Stirpis Achilleæ fastus, juvenemque superbum,
Servitio enixæ, tulimus, qui deinde secutus
15 *Ledæam Hermionem, Lacedæmoniosque hymenæos...*
Ast illum, ereptæ magno inflammatus amore
Conjugis, et scelerum Furiis agitatus, Orestes
Excipit incautum, patriasque obtruncat ad aras. »

Voilà, en peu de vers, tout le sujet de cette tragédie, voilà
20 le lieu de la scène, l'action qui s'y passe, les quatre principaux
acteurs, et même leurs caractères, excepté celui d'Hermione
dont la jalousie et les emportements sont assez marqués dans
l'*Andromaque* d'Euripide[2].

---

1. Écrite en 1676, alors que Racine est à l'apogée de sa carrière et confiant dans
son succès. Elle n'est donc pas aussi mordante que la première. Il y compare sa
tragédie aux modèles antiques.
2. Voir *Première préface*, notes 1 p. 30 ; 3 p. 30 ; 1 p. 31.

C'est presque la seule chose que j'emprunte ici de cet
25 auteur. Car, quoique ma tragédie porte le même nom que la
sienne, le sujet en est pourtant très différent. Andromaque,
dans Euripide, craint pour la vie de Molossus, qui est un fils
qu'elle a eu de Pyrrhus et qu'Hermione veut faire mourir avec
sa mère. Mais ici il ne s'agit point de Molossus. Andromaque ne
30 connaît point d'autre mari qu'Hector, ni d'autre fils qu'Astyanax. J'ai cru en cela me conformer à l'idée que nous avons
maintenant de cette princesse. La plupart de ceux qui ont
entendu parler d'Andromaque ne la connaissaient guère que
pour la veuve d'Hector et pour la mère d'Astyanax. On ne croit
35 point qu'elle doive aimer ni un autre mari, ni un autre fils. Et je
doute que les larmes d'Andromaque eussent fait sur l'esprit de
mes spectateurs l'impression qu'elles y ont faite, si elles avaient
coulé pour un autre fils que celui qu'elle avait d'Hector.

Il est vrai que j'ai été obligé de faire vivre Astyanax un peu
40 plus qu'il n'a vécu ; mais j'écris dans un pays où cette liberté
ne pouvait pas être mal reçue. Car, sans parler de Ronsard[1],
qui a choisi ce même Astyanax pour le héros de sa *Franciade*,
qui ne sait que l'on fait descendre nos anciens rois de ce fils
d'Hector, et que nos vieilles chroniques sauvent la vie à ce
45 jeune prince, après la désolation de son pays, pour en faire le
fondateur de notre monarchie ?

Combien Euripide a-t-il été plus hardi dans sa tragédie
d'*Hélène* ! Il y choque ouvertement la créance[2] commune de
toute la Grèce : il suppose qu'Hélène n'a jamais mis le pied
50 dans Troie, et qu'après l'embrasement de cette ville, Ménélas
trouve sa femme en Égypte, d'où elle n'était point partie.
Tout cela fondé sur une opinion qui n'était reçue que parmi
les Égyptiens, comme on le peut voir dans Hérodote[3].

Je ne crois pas que j'eusse besoin de cet exemple d'Euripide
55 pour justifier le peu de liberté que j'ai prise. Car il y a bien de la
différence entre détruire le principal fondement d'une fable et

---

1. Poète français du XVIᵉ siècle qui a écrit une épopée intitulée *La Franciade*
(1574), inspirée d'une légende selon laquelle les rois de France descendraient de
Francus, fils d'Hector (ce serait donc un autre nom pour désigner Astyanax).
2. **Créance :** croyance.
3. Historien grec du Vᵉ siècle av. J.-C.

en altérer quelques incidents, qui changent presque de face dans toutes les mains qui les traitent. Ainsi Achille, selon la plupart des poètes, ne peut être blessé qu'au talon, quoique
60 Homère le fasse blesser au bras et ne le croie invulnérable en aucune partie de son corps. Ainsi Sophocle[1] fait mourir Jocaste aussitôt après la reconnaissance d'Œdipe ; tout au contraire d'Euripide, qui la fait vivre jusqu'au combat et à la mort de ses deux fils. Et c'est à propos de quelque contrariété[2] de cette
65 nature qu'un ancien commentateur de Sophocle remarque fort bien[3], « qu'il ne faut point s'amuser à chicaner les poètes pour quelques changements qu'ils ont pu faire dans la fable ; mais qu'il faut s'attacher à considérer l'excellent usage qu'ils ont fait de ces changements, et la manière ingénieuse dont ils ont su
70 accommoder la fable à leur sujet ».

---

1. Poète tragique grec du Ve siècle av. J.-C., qui a consacré deux tragédies à la légende d'Œdipe, le roi maudit qui avait épousé sa propre mère, Jocaste.
2. **Contrariété** : contradiction.
3. Allusion discutée ; il s'agit peut-être d'un commentateur allemand de Sophocle : Camerarius (XVIe siècle).

LES PERSONNAGES

ANDROMAQUE	*veuve d'Hector, captive de Pyrrhus.*
PYRRHUS	*fils d'Achille, roi d'Épire.*
ORESTE	*fils d'Agamemnon.*
HERMIONE	*fille d'Hélène, accordée[1] avec Pyrrhus.*
PYLADE	*ami d'Oreste.*
CLÉONE	*confidente d'Hermione.*
CÉPHISE	*confidente d'Andromaque.*
PHŒNIX	*gouverneur d'Achille, et ensuite de Pyrrhus.*

SUITE D'ORESTE

La scène est à Buthrote, ville d'Épire, dans une salle du palais de Pyrrhus[2].

---

1. **Accordée avec :** fiancée de.
2. Voir p. 140.

ACTE PREMIER

SCÈNE PREMIÈRE. ORESTE, PYLADE.

ORESTE

Oui, puisque je retrouve un ami si fidèle,
Ma fortune[1] va prendre une face nouvelle ;
Et déjà son courroux semble s'être adouci,
Depuis qu'elle a pris soin de nous rejoindre[2] ici.
5 Qui l'eût dit, qu'un rivage à mes vœux si funeste[3]
Présenterait d'abord[4] Pylade aux yeux d'Oreste ?
Qu'après plus de six mois que je t'avais perdu,
À la cour de Pyrrhus tu me serais rendu ?

PYLADE

J'en rends grâces au ciel qui, m'arrêtant sans cesse,
10 Semblait m'avoir fermé le chemin de la Grèce,
Depuis le jour fatal que[5] la fureur des eaux
Presque aux yeux de l'Épire écarta[6] nos vaisseaux.
Combien, dans cet exil, ai-je souffert d'alarmes[7] !
Combien à vos malheurs ai-je donné de larmes,
15 Craignant toujours pour vous quelque nouveau danger
Que ma triste amitié ne pouvait partager !
Surtout je redoutais cette mélancolie[8]
Où j'ai vu si longtemps votre âme ensevelie.
Je craignais que le ciel, par un cruel secours,
20 Ne vous offrît la mort que vous cherchiez toujours.
Mais je vous vois, Seigneur ; et si j'ose le dire,

---

1. **Fortune** : destin, sort. Voir p. 199.
2. **Rejoindre** : réunir.
3. **À mes vœux si funeste** : si fatal à mon amour.
4. **D'abord** : dès mon arrivée.
5. **Le jour fatal que** : le jour fatal où.
6. **Écarta** : sépara. – **Épire** : voir p. 198.
7. **Alarmes** : vives inquiétudes. Voir p. 197.
8. **Mélancolie** : étymologiquement, « humeur noire ». État de dépression, de tristesse vague et d'irritabilité.

Un destin plus heureux vous conduit en Épire :
Le pompeux appareil[1] qui suit ici vos pas
N'est point d'un malheureux qui cherche le trépas[2].

ORESTE

25 Hélas ! qui peut savoir le destin qui m'amène ?
L'amour me fait ici chercher une inhumaine.
Mais qui sait ce qu'il[3] doit ordonner de mon sort,
Et si je viens chercher ou la vie ou la mort ?

PYLADE

Quoi ? votre âme à l'amour en esclave asservie
30 Se repose sur lui[3] du soin de votre vie ?
Par quel charme[4], oubliant tant de tourments soufferts,
Pouvez-vous consentir à rentrer dans ses fers[5] ?
Pensez-vous qu'Hermione, à Sparte inexorable[6],
Vous prépare en Épire un sort plus favorable ?
35 Honteux d'avoir poussé[7] tant de vœux superflus,
Vous l'abhorriez[8] ; enfin vous ne m'en parliez plus.
Vous me trompiez, Seigneur.

ORESTE

               Je me trompais moi-même !
Ami, n'accable point un malheureux qui t'aime.
T'ai-je jamais caché mon cœur et mes désirs ?

---

1. **Le pompeux appareil** : désigne le déploiement de magnificence inséparable de la fonction d'ambassadeur (et plus précisément ici le cortège solennel qui suit Oreste).
2. **Trépas** : mort.
3. **Il, lui** : l'amour.
4. **Charme** : conformément à son étymologie, ce mot a ici le sens fort de « sortilège », « enchantement dont la puissance est magique ». Voir p. 197.
5. **Fers** : métaphore galante ; ce terme, symbolique de la captivité, devient par image symbolique des liens amoureux (Oreste est captif de son amour pour Hermione ; voir « chaîne » au vers 44. Voir p. 198).
6. **Inexorable** : inflexible, insensible à l'amour d'Oreste.
7. **Poussé** : exprimé de façon passionnée.
8. **L'abhorriez** : la détestiez.

ANDROMAQVE.

François Chauveau (1613-1676), gravure pour le frontispice d'*Andromaque*,
extrait des œuvres de Racine, Paris, Barbin, 1676.
(Bibliothèque nationale de France, Paris).

40 Tu vis naître ma flamme[1] et mes premiers soupirs.
   Enfin, quand Ménélas disposa de sa fille
   En faveur de Pyrrhus, vengeur de sa famille,
   Tu vis mon désespoir ; et tu m'as vu depuis
   Traîner de mers en mers ma chaîne et mes ennuis[2].
45 Je te vis à regret, en cet état funeste,
   Prêt à suivre partout le déplorable[3] Oreste,
   Toujours de ma fureur interrompre le cours,
   Et de moi-même enfin me sauver tous les jours.
   Mais quand je me souvins que, parmi tant d'alarmes,
50 Hermione à Pyrrhus prodiguait tous ses charmes,
   Tu sais de quel courroux mon cœur alors épris[4]
   Voulut en l'oubliant punir tous ses mépris.
   Je fis croire et je crus ma victoire certaine ;
   Je pris tous mes transports[5] pour des transports de haine ;
55 Détestant ses rigueurs, rabaissant ses attraits,
   Je défiais ses yeux de me troubler jamais.
   Voilà comme[6] je crus étouffer ma tendresse.
   En ce calme trompeur j'arrivai dans la Grèce,
   Et je trouvai d'abord ses princes rassemblés,
60 Qu'un péril assez grand semblait avoir troublés.
   J'y courus. Je pensais que la guerre et la gloire
   De soins[7] plus importants rempliraient ma mémoire ;
   Que mes sens[8] reprenant leur première vigueur,
   L'amour achèverait de sortir de mon cœur.

---

1. **Flamme** : métaphore du langage galant qui désigne l'amour dans ce qu'il a d'ardent. Voir p. 199.
2. **Ennuis** : terme beaucoup plus fort que de nos jours ; il a le sens de « chagrins profonds », « tourments ».
3. **Déplorable** : dont le sort doit être déploré, donc : digne de pitié.
4. **Épris** : Saisi, entraîné par un sentiment violent (ici la colère).
5. **Transports** : manifestations d'un sentiment passionné. Voir p. 201.
6. **Comme** : comment.
7. **Soins** : préoccupations. Voir p. 200.
8. **Sens** : a ici la même signification que dans « reprendre ses sens ou ses esprits ».

65 Mais admire[1] avec moi le sort dont la poursuite[2]
Me fait courir alors au piège que j'évite.
J'entends de tous côtés qu'on menace Pyrrhus ;
Toute la Grèce éclate en murmures confus ;
On se plaint qu'oubliant son sang[3] et sa promesse
70 Il élève en sa cour l'ennemi de la Grèce,
Astyanax, d'Hector jeune et malheureux fils,
Reste[4] de tant de rois sous Troie ensevelis.
J'apprends que pour ravir son enfance au supplice
Andromaque trompa l'ingénieux Ulysse,
75 Tandis qu'un autre enfant, arraché de ses bras,
Sous le nom de son fils fut conduit au trépas.
On dit que, peu sensible aux charmes d'Hermione,
Mon rival porte ailleurs son cœur et sa couronne.
Ménélas, sans le croire, en paraît affligé
80 Et se plaint d'un hymen[5] si longtemps négligé.
Parmi les déplaisirs[6] où son âme se noie,
Il s'élève en la mienne une secrète joie.
Je triomphe ; et pourtant je me flatte[7] d'abord
Que la seule vengeance excite ce transport.
85 Mais l'ingrate en mon cœur reprit bientôt sa place :
De mes feux[8] mal éteints je reconnus la trace,
Je sentis que ma haine allait finir son cours,
Ou plutôt je sentis que je l'aimais toujours.
Ainsi de tous les Grecs je brigue le suffrage[9].
90 On m'envoie à Pyrrhus ; j'entreprends ce voyage.
Je viens voir si l'on peut arracher de ses bras
Cet enfant dont la vie alarme tant d'États.

---

1. **Admire :** d'après son étymologie : « considère avec étonnement », « étonne-moi ».
2. **Poursuite :** acharnement.
3. **Sang :** famille, race. Voir p. 200.
4. **Reste :** nom masculin ; « le seul descendant », « le seul survivant ».
5. **Hymen :** mariage.
6. **Déplaisirs :** sens fort ; angoisses, peines.
7. **Je me flatte :** j'essaie de me persuader.
8. **Feux :** amour.
9. **Je brigue le suffrage :** je recherche les voix ; je cherche à me faire élire.

Heureux si je pouvais, dans l'ardeur qui me presse,
Au lieu d'Astyanax lui ravir ma princesse !
95 Car enfin n'attends pas que mes feux redoublés
Des périls les plus grands puissent être troublés.
Puisqu'après tant d'efforts ma résistance est vaine,
Je me livre en aveugle au destin qui m'entraîne.
J'aime ; je viens chercher Hermione en ces lieux,
100 La fléchir, l'enlever, ou mourir à ses yeux.
Toi qui connais Pyrrhus, que penses-tu qu'il fasse ?
Dans sa cour, dans son cœur, dis-moi ce qui se passe.
Mon Hermione encor le tient-elle asservi ?
Me rendra-t-il, Pylade, un bien qu'il m'a ravi ?

PYLADE

105 Je vous abuserais[1] si j'osais vous promettre
Qu'entre vos mains, Seigneur, il voulût la remettre :
Non que de sa conquête il paraisse flatté ;
Pour la veuve d'Hector ses feux ont éclaté ;
Il l'aime. Mais enfin cette veuve inhumaine
110 N'a payé jusqu'ici son amour que de haine ;
Et chaque jour encore on lui voit tout tenter
Pour fléchir sa captive, ou pour l'épouvanter.
De son fils qu'il lui cache il menace la tête[2],
Et fait couler des pleurs, qu'aussitôt il arrête.
115 Hermione elle-même a vu plus de cent fois
Cet amant[3] irrité revenir sous ses lois,
Et, de ses vœux troublés lui rapportant l'hommage,
Soupirer à ses pieds moins d'amour que de rage.
Ainsi n'attendez pas que l'on puisse aujourd'hui
120 Vous répondre[4] d'un cœur si peu maître de lui :
Il peut, Seigneur, il peut, dans ce désordre extrême,
Épouser ce qu'il hait, et punir ce qu'il aime.

---

1. **Abuserais** : tromperais.
2. **Tête** : vie.
3. **Amant** : amoureux.
4. **Vous répondre** : vous donner des certitudes sur.

ORESTE

Mais dis-moi de quel œil Hermione peut voir
Son hymen différé, ses charmes sans pouvoir ?

PYLADE

125 Hermione, Seigneur, au moins en apparence,
Semble de son amant dédaigner l'inconstance
Et croit que, trop heureux de fléchir sa rigueur,
Il la viendra presser de reprendre son cœur.
Mais je l'ai vue enfin me confier ses larmes :
130 Elle pleure en secret le mépris de ses charmes.
Toujours prête à partir, et demeurant toujours,
Quelquefois elle appelle Oreste à son secours.

ORESTE

Ah ! si je le croyais, j'irais bientôt, Pylade,
Me jeter…

PYLADE

Achevez, Seigneur, votre ambassade.
135 Vous attendez le Roi. Parlez, et lui montrez
Contre le fils d'Hector tous les Grecs conjurés,
Loin de leur accorder ce fils de sa maîtresse[1].
Leur haine ne fera qu'irriter[2] sa tendresse.
Plus on les veut brouiller, plus on va les unir.
140 Pressez[3], demandez tout, pour ne rien obtenir.
Il vient.

ORESTE

Eh bien ! va donc disposer la cruelle
À revoir un amant qui ne vient que pour elle.

---

1. **Maîtresse** : celle qu'il aime (sans forcément être aimé de retour).
2. **Irriter** : aviver, renforcer.
3. **Pressez** : exigez, montrez-vous pressant.

SITUER

Les retrouvailles d'Oreste et de son ami Pylade constituent une ouverture riche en révélations.

RÉFLÉCHIR

GENRES : la scène d'exposition et le rôle du confident

1. Quelles sont les deux raisons de la venue d'Oreste en Épire ?

2. Quels éléments nous renseignent sur le lieu de l'action et la succession des faits ? Toutes ces informations vous paraissent-elles données de façon naturelle ou artificielle ? Pourquoi ?

3. Comment se traduit l'amitié réciproque d'Oreste et de Pylade ?

4. Qu'est-ce qu'un confident de théâtre (voir p. 158) ? Pourquoi était-il nécessaire de faire paraître Pylade dès la scène d'exposition ?

PERSONNAGES : Oreste, un caractère entre deux excès (v. 37 à 104)

5. Relevez et classez les termes appartenant au champ lexical des sentiments d'Oreste (amour, haine, joie, douleur), puis observez leur ordre d'apparition : qu'apprend-on ainsi sur son caractère ? Quelle remarque faites-vous sur la variation de ses sentiments ?

6. Parmi les adjectifs suivants, lesquels vous paraissent le mieux caractériser Oreste : *angoissé, agité, effrayé, tourmenté, exalté, euphorique, troublé, épouvanté* ? Cherchez un mot ou un vers qui illustre chacune des qualifications choisies.

7. Quels mots et expressions révèlent qu'Oreste s'est aveuglé sur ses sentiments de haine à l'égard d'Hermione ? Sa nouvelle lucidité le libère-t-elle de sa passion ?

8. Étudiez dans les répliques d'Oreste le champ lexical du destin. Pourquoi le personnage apparaît-il d'emblée comme *tragique** ?

ÉCRIRE

9. Dans les vers 129-132, Pylade évoque le chagrin et le désarroi d'Hermione : dans un dialogue théâtral, vous imaginerez les confidences de la princesse à Pylade ainsi que les conseils et les consolations prodigués par celui-ci.

---

* Les définitions des mots suivis d'un astérisque figurent p. 202.

SCÈNE 2. PYRRHUS, ORESTE, PHŒNIX.

ORESTE

Avant que tous les Grecs vous parlent par ma voix,
Souffrez[1] que j'ose ici me flatter de leur choix,
145 Et qu'à vos yeux, Seigneur, je montre quelque joie
De voir le fils d'Achille et le vainqueur de Troie.
Oui, comme ses exploits nous admirons vos coups[2].
Hector tomba sous lui[3], Troie expira sous vous ;
Et vous avez montré, par une heureuse audace,
150 Que le fils seul d'Achille a pu remplir sa place.
Mais, ce qu'il n'eût point fait, la Grèce avec douleur
Vous voit du sang troyen relever le malheur[4],
Et vous laissant toucher d'une pitié funeste,
D'une guerre si longue entretenir le reste[5].
155 Ne vous souvient-il plus[6], Seigneur, quel[7] fut Hector ?
Nos peuples affaiblis s'en souviennent encor.
Son nom seul fait frémir nos veuves et nos filles ;
Et dans toute la Grèce il n'est point de familles
Qui ne demandent compte à ce malheureux fils
160 D'un père ou d'un époux qu'Hector leur a ravis.
Et qui sait ce qu'un jour ce fils peut entreprendre ?
Peut-être dans nos ports nous le verrons descendre,
Tel qu'on a vu son père, embraser nos vaisseaux
Et, la flamme à la main, les suivre sur les eaux.
165 Oserai-je, Seigneur, dire ce que je pense ?
Vous-même de vos soins craignez la récompense[8],
Et que dans votre sein ce serpent élevé
Ne vous punisse un jour de l'avoir conservé.
Enfin de tous les Grecs satisfaites l'envie,

---

1. **Souffrez :** permettez.
2. **Coups :** exploits, victoires.
3. **Lui :** Achille.
4. **Relever le malheur :** rétablir, redonner de la force à la nation troyenne.
5. **Entretenir le reste :** protéger le survivant (Astyanax).
6. **Ne vous souvient-il plus :** ne vous souvenez-vous plus ?
7. **Quel :** quel homme.
8. **Récompense :** ce qui sera payé de retour (que ce soit en bien ou en mal).

170 Assurez leur vengeance, assurez votre vie ;
   Perdez un ennemi d'autant plus dangereux
   Qu'il s'essaiera sur vous à combattre contre eux.

PYRRHUS

   La Grèce en ma faveur est trop inquiétée[1].
   De soins plus importants je l'ai crue agitée,
175 Seigneur ; et, sur le nom de son ambassadeur,
   J'avais dans ses projets conçu plus de grandeur.
   Qui croirait en effet qu'une telle entreprise
   Du fils d'Agamemnon méritât l'entremise ;
   Qu'un peuple tout entier, tant de fois triomphant,
180 N'eût daigné conspirer que la mort d'un enfant ?
   Mais à qui prétend-on que je le sacrifie ?
   La Grèce a-t-elle encor quelque droit sur sa vie ?
   Et seul de tous les Grecs ne m'est-il pas permis
   D'ordonner[2] d'un captif que le sort m'a soumis ?
185 Oui, Seigneur, lorsqu'au pied des murs fumants de Troie
   Les vainqueurs tout sanglants partagèrent leur proie,
   Le sort[3], dont les arrêts[4] furent alors suivis,
   Fit tomber en mes mains Andromaque et son fils.
   Hécube près d'Ulysse acheva sa misère ;
190 Cassandre dans Argos a suivi votre père ;
   Sur eux, sur leurs captifs, ai-je étendu mes droits ?
   Ai-je enfin disposé du fruit de leurs exploits ?
   On craint qu'avec Hector Troie un jour ne renaisse ;
   Son fils peut me ravir le jour que je lui laisse.
195 Seigneur, tant de prudence entraîne trop de soin :
   Je ne sais point prévoir les malheurs de si loin.
   Je songe quelle était autrefois cette ville,
   Si superbe en remparts, en héros si fertile,
   Maîtresse de l'Asie ; et je regarde enfin
200 Quel fut le sort de Troie, et quel est son destin.

---

1. **Inquiétée :** agitée.
2. **D'ordonner de :** de disposer de.
3. **Sort :** tirage au sort.
4. **Arrêts :** décisions.

Je ne vois que des tours que la cendre a couvertes,
Un fleuve teint de sang, des campagnes désertes,
Un enfant dans les fers ; et je ne puis songer
Que Troie en cet état aspire à se venger.
205 Ah ! si du fils d'Hector la perte était jurée,
Pourquoi d'un an entier l'avons-nous différée ?
Dans le sein de Priam n'a-t-on pu[1] l'immoler ?
Sous tant de morts, sous Troie il fallait l'accabler.
Tout était juste alors : la vieillesse et l'enfance
210 En vain sur leur faiblesse appuyaient leur défense ;
La victoire et la nuit, plus cruelles que nous,
Nous excitaient au meurtre, et confondaient nos coups.
Mon courroux aux vaincus ne fut que trop sévère.
Mais que ma cruauté survive à ma colère ?
215 Que malgré la pitié dont je me sens saisir,
Dans le sang d'un enfant je me baigne à loisir ?
Non, Seigneur. Que les Grecs cherchent quelque autre proie ;
Qu'ils poursuivent ailleurs ce qui reste de Troie.
De mes inimitiés le cours est achevé ;
220 L'Épire sauvera ce que Troie a sauvé.

ORESTE

Seigneur, vous savez trop avec quel artifice[2]
Un faux Astyanax fut offert au supplice
Où le seul fils d'Hector devait être conduit.
Ce n'est pas les Troyens, c'est Hector qu'on poursuit.
225 Oui, les Grecs sur le fils persécutent le père ;
Il a par trop de sang acheté[3] leur colère,
Ce n'est que dans le sien qu'elle peut expirer,
Et jusque dans l'Épire il les peut attirer.
Prévenez-les[4].

---

1. **N'a-t-on pu** : n'aurait-on pu.
2. **Artifice** : voir la ruse d'Andromaque, v. 74-76.
3. **Acheté** : mérité.
4. **Prévenez-les** : devancez-les.

PYRRHUS

Non, non. J'y consens avec joie :
230 Qu'ils cherchent dans l'Épire une seconde Troie ;
Qu'ils confondent[1] leur haine, et ne distinguent plus
Le sang qui les fit vaincre et celui des vaincus.
Aussi bien ce n'est pas la première injustice
Dont la Grèce d'Achille a payé le service.
235 Hector en profita[2], Seigneur ; et quelque jour
Son fils en pourrait bien profiter à son tour.

ORESTE

Ainsi la Grèce en vous trouve un enfant rebelle ?

PYRRHUS

Et je n'ai donc vaincu que pour dépendre d'elle ?

ORESTE

Hermione, Seigneur, arrêtera vos coups :
240 Ses yeux s'opposeront[3] entre son père et vous.

PYRRHUS

Hermione, Seigneur, peut m'être toujours chère ;
Je puis l'aimer, sans être esclave de son père ;
Et je saurai peut-être accorder[4] quelque jour
Les soins de ma grandeur et ceux de mon amour.
245 Vous pouvez cependant voir la fille d'Hélène :
Du sang qui vous unit je sais l'étroite chaîne[5].
Après cela, Seigneur, je ne vous retiens plus,
Et vous pourrez aux Grecs annoncer mon refus.

---

1. **Confondent :** étymologiquement, « fondent ensemble » ; mêlent, additionnent.
2. **En profita :** le mit à profit.
3. **Ses yeux s'opposeront :** le charme d'Hermione s'interposera.
4. **Accorder :** mettre d'accord.
5. Hermione et Oreste sont cousins germains.

SITUER

Oreste est reçu par le roi Pyrrhus et joue son rôle d'ambassadeur. Mais derrière les arguments de la politique ou de la grandeur d'âme, le spectateur entend un autre langage.

RÉFLÉCHIR

QUI PARLE ? QUI VOIT ? la diplomatie, un art oblique et allusif

1. Par quelles expressions (et dans quel ordre) Oreste et Pyrrhus désignent-ils Astyanax ? Pourquoi ?

2. Qui Pyrrhus désigne-t-il par le « on » des vers 181 et 193 ? Pourquoi ce pronom ? Quels sont les véritables sentiments de Pyrrhus ?

3. Quels termes expriment le respect et l'admiration d'Oreste pour Pyrrhus ? Sont-ils sincères ? Justifiez votre réponse.

STRUCTURE : de l'indignation à l'affrontement

4. À quel mode sont presque tous les verbes des vers 214 à 218 ? Quelles valeurs prennent-ils ? Que traduit ce changement ?

5. Quelle anomalie remarquez-vous dans les phrases interrogatives des vers 237 et 238 ? Quelle est leur véritable valeur ? Que révèlent-elles chez Oreste et Pyrrhus ?

6. Comparez la longueur et la place des répliques attribuées à chaque personnage. Quels rapports de force s'y révèlent ?

STRATÉGIES : objectifs et arrière-pensées

7. Oreste et Pyrrhus évoquent-ils dans les mêmes termes les ravages de la guerre ? Pourquoi ?

8. Où et comment Oreste met-il en pratique les conseils de Pylade ? Quels vers, chez Pyrrhus, suggèrent l'influence de son amour pour Andromaque ?

9. En quoi ces arrière-pensées peuvent-elles modifier la perception de la scène par le spectateur ?

MISE EN SCÈNE : le confident muet, une pure utilité ?

10. Quel personnage muet Racine introduit-il et pourquoi (voir scène 3) ? Quelle place, quelles attitudes lui feriez-vous prendre ?

ÉCRIRE

11. D'après l'observation des deux premières tirades (v. 143-172 et 173-220), vous présenterez les arguments de chaque personnage en deux paragraphes rédigés à la troisième personne et commençant par : « D'après Oreste… » et « Mais selon Pyrrhus… ».

SCÈNE 3. PYRRHUS, PHŒNIX.

PHŒNIX

Ainsi vous l'envoyez aux pieds de sa maîtresse[1] ?

PYRRHUS

250 On dit qu'il a longtemps brûlé[2] pour la princesse.

PHŒNIX

Mais si ce feu, Seigneur, vient à se rallumer[3] ?
S'il lui rendait son cœur, s'il s'en faisait aimer ?

PYRRHUS

Ah ! qu'ils s'aiment, Phœnix ! J'y consens. Qu'elle parte.
Que charmés l'un de l'autre ils retournent à Sparte !
255 Tous nos ports sont ouverts et pour elle et pour lui.
Qu'elle m'épargnerait de contrainte et d'ennui !

PHŒNIX

Seigneur...

PYRRHUS

Une autre fois je t'ouvrirai mon âme :
Andromaque paraît.

SCÈNE 4. PYRRHUS, ANDROMAQUE,
PHŒNIX, CÉPHISE.

PYRRHUS

Me cherchiez-vous, Madame ?
Un espoir si charmant me serait-il permis ?

ANDROMAQUE

260 Je passais jusqu'aux lieux où l'on garde mon fils.
Puisqu'une fois le jour vous souffrez que je voie

---

1. **Maîtresse** : femme dont il est amoureux.
2. **Brûlé** : éprouvé de la passion.
3. **Feu [...] rallumer** : métaphore filée. Voir p. 203.

Le seul bien qui me reste et d'Hector et de Troie,
J'allais, Seigneur, pleurer un moment avec lui :
Je ne l'ai point encore embrassé d'aujourd'hui.

PYRRHUS

265 Ah, Madame ! les Grecs, si j'en crois leurs alarmes,
Vous donneront bientôt d'autres sujets de larmes.

ANDROMAQUE

Et quelle est cette peur dont leur cœur est frappé,
Seigneur ? Quelque Troyen vous est-il échappé ?

PYRRHUS

Leur haine pour Hector n'est pas encore éteinte ;
270 Ils redoutent son fils.

ANDROMAQUE

                    Digne objet de leur crainte !
Un enfant malheureux qui ne sait pas encor
Que Pyrrhus est son maître, et qu'il est fils d'Hector.

PYRRHUS

Tel qu'il est, tous les Grecs demandent qu'il périsse.
Le fils d'Agamemnon vient hâter son supplice.

ANDROMAQUE

275 Et vous prononcerez un arrêt si cruel ?
Est-ce mon intérêt qui le rend criminel[1] ?
Hélas ! on ne craint point qu'il venge un jour son père ;
On craint qu'il n'essuyât[2] les larmes de sa mère.
Il m'aurait tenu lieu d'un père et d'un époux ;
280 Mais il me faut tout perdre, et toujours par vos coups.

PYRRHUS

Madame, mes refus ont prévenu[3] vos larmes.
Tous les Grecs m'ont déjà menacé de leurs armes ;
Mais dussent-ils encore, en repassant les eaux,

---

1. Est-ce à cause de moi qu'on le trouve criminel ?
2. **Qu'il n'essuyât** : emploi de l'imparfait du subjonctif conforme à la
   syntaxe latine ; il faut lui donner la valeur d'un conditionnel.
3. **Prévenu** : précédé.

Demander votre fils avec mille vaisseaux,
285 Coûtât-il tout le sang qu'Hélène a fait répandre,
Dussé-je après dix ans voir mon palais en cendre,
Je ne balance[1] point, je vole à son secours ;
Je défendrai sa vie aux dépens de mes jours.
Mais, parmi ces périls où je cours pour vous plaire,
290 Me refuserez-vous un regard moins sévère ?
Haï de tous les Grecs, pressé[2] de tous côtés,
Me faudra-t-il combattre encor vos cruautés ?
Je vous offre mon bras[3]. Puis-je espérer encore
Que vous accepterez un cœur qui vous adore ?
295 En combattant pour vous, me sera-t-il permis
De ne vous point compter parmi mes ennemis ?

ANDROMAQUE

Seigneur, que faites-vous, et que dira la Grèce ?
Faut-il qu'un si grand cœur montre tant de faiblesse ?
Voulez-vous qu'un dessein si beau, si généreux,
300 Passe pour le transport d'un esprit amoureux ?
Captive, toujours triste, importune à moi-même[4],
Pouvez-vous souhaiter qu'Andromaque vous aime ?
Quels charmes ont pour vous des yeux infortunés
Qu'à des pleurs éternels vous avez condamnés ?
305 Non, non, d'un ennemi respecter la misère,
Sauver des malheureux, rendre un fils à sa mère,
De cent peuples pour lui combattre la rigueur
Sans me faire payer son salut de mon cœur,
Malgré moi, s'il le faut, lui donner un asile :
310 Seigneur, voilà des soins dignes du fils d'Achille.

PYRRHUS

Hé quoi ! votre courroux n'a-t-il pas eu son cours[5] ?
Peut-on haïr sans cesse ? et punit-on toujours ?
J'ai fait des malheureux, sans doute ; et la Phrygie

---

1. **Balance** : hésite.
2. **Pressé** : harcelé, assailli par des pressions.
3. **Mon bras** : voir v. 295 : « en combattant pour vous… ».
4. V. 301-302 : anacoluthe (voir p. 202) ; les trois adjectifs renvoient à Andromaque au lieu de se rapporter au sujet (« *vous* » : Pyrrhus).
5. Votre colère ne s'est-elle pas apaisée ?

Cent fois de votre sang a vu ma main rougie.
315 Mais que vos yeux sur moi se sont bien exercés[1] !
Qu'ils m'ont vendu bien cher les pleurs qu'ils ont versés !
De combien de remords m'ont-ils rendu la proie !
Je souffre tous les maux que j'ai faits devant Troie :
Vaincu, chargé de fers, de regrets consumé,
320 Brûlé de plus de feux que je n'en allumai,
Tant de soins, tant de pleurs, tant d'ardeurs inquiètes…
Hélas ! fus-je jamais si cruel que vous l'êtes ?
Mais enfin, tour à tour, c'est assez nous punir ;
Nos ennemis communs devraient nous réunir.
325 Madame, dites-moi seulement que j'espère[2],
Je vous rends votre fils, et je lui sers de père ;
Je l'instruirai moi-même à venger les Troyens ;
J'irai punir les Grecs de vos maux et des miens.
Animé d'un regard[3], je puis tout entreprendre :
330 Votre Ilion[4] encor peut sortir de sa cendre ;
Je puis, en moins de temps que les Grecs ne l'ont pris,
Dans ses murs relevés couronner votre fils.

ANDROMAQUE

Seigneur, tant de grandeurs ne nous touchent plus guère :
Je les lui promettais tant qu'a vécu son père.
335 Non, vous n'espérez plus de nous revoir encor,
Sacrés[5] murs, que n'a pu conserver mon Hector.
À de moindres faveurs des malheureux prétendent,
Seigneur : c'est un exil que mes pleurs vous demandent.
Souffrez que, loin des Grecs, et même loin de vous,
340 J'aille cacher mon fils, et pleurer mon époux.
Votre amour contre nous allume trop de haine :
Retournez, retournez à la fille d'Hélène.

---

1. **Exercés :** acharnés.
2. **Dites-moi que j'espère :** dites-moi d'espérer.
3. **Animé d'un regard :** encouragé par un « regard moins sévère » (voir v. 290).
4. **Ilion :** Troie.
5. **Sacrés murs :** murs sacrés.

PYRRHUS

Et le puis-je, Madame ? Ah ! que vous me gênez[1] !
Comment lui rendre un cœur que vous me retenez ?
345 Je sais que de mes vœux on lui promit l'empire[2] ;
Je sais que pour régner elle vint dans l'Épire ;
Le sort vous y voulut l'une et l'autre amener :
Vous, pour porter des fers[3], elle, pour en donner.
Cependant ai-je pris quelque soin de lui plaire ?
350 Et ne dirait-on pas, en voyant au contraire
Vos charmes tout-puissants, et les siens dédaignés,
Qu'elle est ici captive et que vous y régnez ?
Ah ! qu'un seul des soupirs que mon cœur vous envoie,
S'il s'échappait vers elle y porterait de joie !

ANDROMAQUE

355 Et pourquoi vos soupirs seraient-ils repoussés ?
Aurait-elle oublié vos services passés ?
Troie, Hector, contre vous révoltent-ils son âme ?
Aux cendres d'un époux doit-elle enfin sa flamme[4] ?
Et quel époux encore ! Ah ! souvenir cruel !
360 Sa mort seule a rendu votre père immortel.
Il doit au sang d'Hector tout l'éclat de ses armes,
Et vous n'êtes tous deux connus que par mes larmes.

PYRRHUS

Eh bien, Madame, eh bien ! il faut vous obéir :
Il faut vous oublier, ou plutôt vous haïr.
365 Oui, mes vœux ont trop loin poussé leur violence
Pour ne plus s'arrêter que dans l'indifférence.
Songez-y bien : il faut désormais que mon cœur,
S'il n'aime avec transport, haïsse avec fureur.
Je n'épargnerai rien dans ma juste colère :
370 Le fils me répondra[5] des mépris de la mère ;

---

1. **Gênez** : mettez au supplice, torturez.
2. On lui promit tout pouvoir sur mon cœur.
3. **Porter des fers** : être captive.
4. **Flamme** : amour ardent.
5. **Me répondra de** : paiera pour.

54

La Grèce le demande, et je ne prétends pas
Mettre toujours ma gloire à sauver des ingrats.

ANDROMAQUE

Hélas ! il mourra donc. Il n'a pour sa défense
Que les pleurs de sa mère et que son innocence.
375 Et peut-être après tout, en l'état où je suis,
Sa mort avancera la fin de mes ennuis.
Je prolongeais pour lui ma vie et ma misère ;
Mais enfin sur ses pas j'irai revoir son père.
Ainsi, tous trois, Seigneur, par vos soins réunis,
380 Nous vous…

PYRRHUS

Allez, Madame, allez voir votre fils.
Peut-être, en le voyant, votre amour plus timide[1]
Ne prendra pas toujours sa colère pour guide.
Pour savoir nos destins, j'irai vous retrouver.
385 Madame, en l'embrassant, songez à le sauver.

---

1. **Plus timide :** plus modéré, moins hardi.

■ SITUER

Le roi Pyrrhus, apparemment fier et inflexible, vient de repousser la requête d'Oreste. Il semble décidé à défendre avec magnanimité la cause de l'orphelin innocent et sans défense qu'est Astyanax.

Pourtant, les vrais motifs de son attitude ne sont peut-être pas aussi désintéressés qu'il y paraît…

■ RÉFLÉCHIR

PERSONNAGES : les variations du cœur amoureux

1. Quels sont le mode et le temps des verbes employés par Pyrrhus dans les vers 283, 285, 286 ? Récrivez ces trois propositions au moyen d'une autre tournure grammaticale qui vous permette d'employer l'indicatif, sans en changer le sens. Quelle remarque faites-vous sur l'ordre des mots ? Des deux constructions, laquelle vous paraît la plus apte à traduire l'exaltation de Pyrrhus ?

2. En quoi la ponctuation des vers 311 à 322 révèle-t-elle le désarroi de Pyrrhus ?

3. Pyrrhus passe ici par la fureur, l'exaltation, les promesses, la révolte, l'humilité, la menace, l'exaspération. Classez ces termes d'après l'évolution du personnage au cours de la scène et citez une expression ou un vers qui illustre chacun d'eux.

REGISTRES ET TONALITÉS : pathétique* et ironie*

4. Quelle est la figure de style employée par Andromaque au début du v. 336 ? Pour quel effet ?

5. Faites le relevé des termes appartenant au champ lexical du malheur dans les propos d'Andromaque. Sont-ils variés ? Quel est l'objectif de celle qui les prononce ?

6. Un critique porte ce jugement sur la veuve d'Hector : « *aigrie, amère, ironique, craintive, maladroite* ». Dans quelle mesure ces adjectifs se justifient-ils ici ?

STRATÉGIES : dissimuler pour parvenir à ses fins

7. Par quel type de phrase Pyrrhus achève-t-il sa proposition (v. 293-296) ? Par quel type de phrase Andromaque lui répond-elle (v. 297-300) ? Cela vous semble-t-il logique ? En quoi cela nous renseigne-t-il sur la nature du dialogue des deux personnages ?

8. Comparez les portraits qu'Andromaque trace d'elle-même et de Pyrrhus dans les vers 297 à 310. Que veut-elle obtenir ainsi ?

9. Quels risques Pyrrhus évoque-t-il dans les vers 281-296 ? Quels sacrifices dans les vers 343-354 ? Qu'espère-t-il ainsi susciter chez Andromaque ?

10. Quelle erreur de tactique Andromaque commet-elle dans les vers 359-362 ? Comment l'expliquez-vous ?

GENRES : l'acte d'exposition

Dès le premier acte, l'avenir s'annonce menaçant.

1. Qu'il parle en homme politique avec Oreste, ou en amoureux avec Andromaque, Pyrrhus semble maître de la situation. Comparez les dernières répliques de la scène 2 et de la scène 4 : que peut-on préjuger de son pouvoir ?

2. Pyrrhus modifie ses propos au sujet d'Astyanax selon qu'il s'adresse à Oreste ou à Andromaque. En quel sens ? À quels moments est-il le plus sincère ? À la fin de cet acte, quelle issue vous paraît la plus probable ?

3. Les personnages envisagent déjà divers scénarios pour le dénouement ; certains expriment ouvertement leurs craintes sur la suite des événements. Une fin tragique vous paraît-elle inéluctable, ou l'espoir est-il permis ? Pourquoi ?

PERSONNAGES : présents et absents

Phœnix et Céphise, les deux confidents de Pyrrhus et d'Andromaque, sont présents mais le plus souvent muets. Hermione est absente à l'acte I.

4. À quoi servent les confidents quand ils ne parlent pas ? À quoi sert l'intervention de Phœnix ?

5. Quelle image* peut-on se faire d'Hermione à partir des propos des autres personnages ? Qu'est-ce que le spectateur peut donc attendre ?

REGISTRES ET TONALITÉS : tragique et pathétique

Le ton est donné d'emblée : crainte d'un dénouement sanglant, pitié pour les victimes…

6. Par qui et comment ces sentiments sont-ils suscités ?

ÉCRIRE

7. Désespérant de convaincre leur interlocuteur, Oreste, Andromaque et Pyrrhus tentent de fléchir le destin en s'adressant aux dieux : en vous fondant sur la lecture de l'acte I, imaginez la prière de l'un d'entre eux, ses vœux et ses arguments.

Andromaque, interprétée par Sarah Bernhardt
(Bibliothèque nationale de France, département des Arts du spectacle, Paris).

ACTE II

SCÈNE PREMIÈRE. HERMIONE, CLÉONE.

HERMIONE

385 Je fais ce que tu veux. Je consens qu'il me voie ;
Je lui veux bien encore accorder cette joie.
Pylade va bientôt conduire ici ses pas ;
Mais, si je m'en croyais, je ne le verrais pas.

CLÉONE

Et qu'est-ce que sa vue a pour vous de funeste ?
390 Madame, n'est-ce pas toujours le même Oreste
Dont vous avez cent fois souhaité le retour,
Et dont vous regrettiez la constance et l'amour ?

HERMIONE

C'est cet amour payé de trop d'ingratitude
Qui me rend en ces lieux sa présence si rude[1].
395 Quelle honte pour moi, quel triomphe pour lui,
De voir mon infortune égaler son ennui !
Est-ce là, dira-t-il, cette fière[2] Hermione ?
Elle me dédaignait ; un autre l'abandonne.
L'ingrate, qui mettait son cœur à si haut prix,
400 Apprend donc à son tour à souffrir des mépris !
Ah ! Dieux !

CLÉONE

Ah ! dissipez ces indignes alarmes :
Il a trop bien senti le pouvoir de vos charmes.
Vous croyez qu'un amant vienne[3] vous insulter[4] ?
Il vous rapporte un cœur qu'il n'a pu vous ôter.
405 Mais vous ne dites point ce que vous mande[5] un père ?

---

1. **Rude :** fâcheuse, pénible à supporter.
2. **Fière :** orgueilleuse.
3. **Vienne :** le français moderne dirait : « croyez-vous qu'un amant vienne… ».
4. **Insulter :** offenser.
5. **Mande :** fait savoir.

HERMIONE

Dans ses retardements[1] si Pyrrhus persévère,
À la mort du Troyen[2] s'il ne veut consentir,
Mon père avec les Grecs m'ordonne de partir.

CLÉONE

Eh bien, Madame, eh bien ! écoutez donc Oreste.
410 Pyrrhus a commencé, faites au moins le reste.
Pour bien faire il faudrait que vous le prévinssiez[3].
Ne m'avez-vous pas dit que vous le haïssiez ?

HERMIONE

Si je le hais, Cléone ! Il y va de ma gloire,
Après tant de bontés dont il perd la mémoire.
415 Lui qui me fut si cher, et qui m'a pu trahir,
Ah ! je l'ai trop aimé pour ne le point haïr !

CLÉONE

Fuyez-le donc, Madame ; et puisqu'on vous adore...

HERMIONE

Ah ! laisse à ma fureur le temps de croître encore ;
Contre mon ennemi laisse-moi m'assurer[4] ;
420 Cléone, avec horreur je m'en veux séparer.
Il n'y travaillera que trop bien, l'infidèle !

CLÉONE

Quoi ? vous en attendez quelque injure[5] nouvelle ?
Aimer une captive, et l'aimer à vos yeux,
Tout cela n'a donc pu vous le rendre odieux ?

---

1. **Retardements** : ce mot a ici le sens de « délais », « atermoiements ».
   Mais dès la fin du XVIIe siècle, il a vieilli et a été remplacé par le terme
   « retard ».
2. **Le Troyen** : Astyanax.
3. **Prévinssiez** : devanciez. Cléone conseille à Hermione de rompre d'elle-
   même ses fiançailles avec Pyrrhus avant qu'il ne lui en fasse subir
   l'humiliation.
4. **M'assurer** : prendre de l'assurance dans mes sentiments.
5. **Injure** : offense.

425 Après ce qu'il a fait, que saurait-il[1] donc faire ?
   Il vous aurait déplu, s'il pouvait vous déplaire.

HERMIONE

   Pourquoi veux-tu, cruelle, irriter[2] mes ennuis ?
   Je crains de me connaître[3] en l'état où je suis.
   De tout ce que tu vois tâche de ne rien croire ;
430 Crois que je n'aime plus, vante-moi ma victoire ;
   Crois que dans son dépit mon cœur est endurci,
   Hélas ! et, s'il se peut, fais-le-moi croire aussi.
   Tu veux que je le fuie ? Eh bien ! rien ne m'arrête :
   Allons. N'envions plus son indigne conquête ;
435 Que sur lui sa captive étende son pouvoir.
   Fuyons… Mais si l'ingrat rentrait dans son devoir !
   Si la foi[4] dans son cœur retrouvait quelque place !
   S'il venait à mes pieds me demander sa grâce !
   Si sous mes lois, Amour, tu pouvais l'engager !
440 S'il voulait… Mais l'ingrat ne veut que m'outrager.
   Demeurons toutefois pour troubler leur fortune[5] !
   Prenons quelque plaisir à leur être importune ;
   Ou, le forçant de[6] rompre un nœud si solennel,
   Aux yeux de tous les Grecs rendons-le criminel.
445 J'ai déjà sur le fils attiré leur colère ;
   Je veux qu'on vienne encor lui demander la mère.
   Rendons-lui les tourments qu'elle m'a fait souffrir ;
   Qu'elle le perde, ou bien qu'il la fasse périr.

CLÉONE

   Vous pensez que des yeux toujours ouverts aux larmes
450 Se plaisent à troubler le pouvoir de vos charmes,
   Et qu'un cœur accablé de tant de déplaisirs[7]

---

1. **Que saurait-il :** que pourrait-il…
2. **Irriter :** exciter, exacerber.
3. **Me connaître :** avoir conscience de mon état, des conditions où je suis.
4. **Foi :** ici, respect de ses engagements, de la parole donnée. Voir p. 199.
5. **Fortune :** désigne ici un sort heureux, donc le bonheur. Voir p. 199.
6. **Le forçant de :** le forçant à.
7. **Déplaisirs :** chagrins, douleurs.

De son persécuteur ait brigué[1] les soupirs ?
Voyez si sa douleur en paraît soulagée.
Pourquoi donc les chagrins où son âme est plongée ?
455 Contre un amant qui plaît pourquoi tant de fierté[2] ?

HERMIONE

Hélas ! pour mon malheur, je l'ai trop écouté.
Je n'ai point du silence affecté le mystère :
Je croyais sans péril pouvoir être sincère,
Et sans armer mes yeux d'un moment de rigueur,
460 Je n'ai pour lui parler consulté que mon cœur.
Et qui ne se serait comme moi déclarée
Sur la foi d'une amour[3] si saintement jurée ?
Me voyait-il de l'œil qu'il[4] me voit aujourd'hui ?
Tu t'en souviens encor, tout conspirait pour lui.
465 Ma famille vengée, et les Grecs dans la joie,
Nos vaisseaux tout chargés des dépouilles de Troie,
Les exploits de son père effacés par les siens,
Ses feux que je croyais plus ardents que les miens,
Mon cœur, toi-même enfin de sa gloire éblouie,
470 Avant qu'il me trahît, vous m'avez tous trahie.
Mais c'en est trop, Cléone, et quel que soit Pyrrhus,
Hermione est sensible[5], Oreste a des vertus ;
Il sait aimer du moins, et même sans qu'on l'aime ;
Et peut-être il saura se faire aimer lui-même.
475 Allons : qu'il vienne enfin.

CLÉONE
Madame, le voici.

HERMIONE
Ah ! je ne croyais pas qu'il fût si près d'ici.

---

1. **Brigué** : sollicité, recherché.
2. **Fierté** : rigueur, cruauté.
3. **Une amour** : au XVIIᵉ siècle, ce mot s'employait souvent au féminin.
4. **De l'œil qu'il** : de l'œil avec lequel il…
5. **Sensible** : capable d'éprouver des sentiments, et plus particulièrement d'amour.

SITUER

Pyrrhus ne livrera pas Astyanax aux Grecs si Andromaque l'accepte pour époux. Mais sa fiancée, Hermione, n'en sait rien encore…

RÉFLÉCHIR

PERSONNAGES : Hermione, la colère et le désarroi

1. Dans un tableau à deux colonnes, faites le relevé des expressions qui traduisent les dispositions d'Hermione à l'égard d'Oreste et de Pyrrhus. Que remarquez-vous ? Qu'en déduisez-vous sur ses sentiments ?

2. Comment Hermione désigne-t-elle Astyanax et Andromaque ? Pourquoi ne les nomme-t-elle pas ?

3. Quels signes de ponctuation remarquez-vous dans la tirade d'Hermione (v. 427-448) ? Que révèlent-ils sur son état d'esprit ?

4. Distinguez les différentes phases de cette tirade : combien de fois Hermione change-t-elle d'avis ? Qu'en déduisez-vous sur son caractère ?

GENRES : le vers et le déchirement

5. Quel est le sens des mots *diérèse** et *synérèse** ? Dans les vers 397 et 424, quel est l'effet de la diérèse sur le mot et sur le vers ?

6. Vérifiez de même le sens des mots *antithèse** et *hémistiche**, et appliquez ces connaissances au vers 416. Que remarquez-vous ?

7. Quelle est la fonction des groupes nominaux dans les vers 465 à 469 ? Où trouvent-ils leur aboutissement ? Dans quel ordre sont-ils placés ? Que vise Hermione avec cette accumulation ?

8. Comparez les temps et les types de phrases dans les vers 475 et 476. Que révèle leur modification ?

STRATÉGIES : les suggestions de la confidente

9. Qui Cléone désigne-t-elle par le « on » du vers 417 ? Pourquoi l'emploi de ce pronom est-il habile ?

10. Observez les vers 412, 417 et 422 à 424 : quels sentiments Cléone cherche-t-elle à exciter chez sa maîtresse ? Poursuit-elle en cela un but personnel ? Que souhaite-t-elle en fait ?

DIRE

11. D'après l'observation de la photographie, page 58, vous commenterez le pittoresque de la mise en scène (décor, costumes, attitude des personnages), puis vous proposerez de façon argumentée votre propre mise en scène.

SCÈNE 2. HERMIONE, ORESTE, CLÉONE.

HERMIONE

Le croirai-je, Seigneur, qu'un reste de tendresse
Vous fasse ici chercher une triste princesse ?
Ou ne dois-je imputer qu'à votre seul devoir
480 L'heureux empressement qui vous porte à me voir ?

ORESTE

Tel est de mon amour l'aveuglement funeste.
Vous le savez, Madame, et le destin d'Oreste
Est de venir sans cesse adorer vos attraits,
Et de jurer toujours qu'il n'y viendra jamais.
485 Je sais que vos regards vont rouvrir mes blessures,
Que tous mes pas vers vous sont autant de parjures ;
Je le sais, j'en rougis. Mais j'atteste les dieux,
Témoins de la fureur de mes derniers adieux,
Que j'ai couru partout où ma perte certaine[1]
490 Dégageait mes serments[2] et finissait ma peine.
J'ai mendié la mort chez des peuples cruels
Qui n'apaisaient leurs dieux que du sang des mortels :
Ils m'ont fermé leur temple ; et ces peuples barbares
De mon sang prodigué[3] sont devenus avares.
495 Enfin je viens à vous, et je me vois réduit
À chercher dans vos yeux une mort qui me fuit.
Mon désespoir n'attend que leur indifférence :
Ils n'ont qu'à m'interdire un reste d'espérance ;
Ils n'ont, pour avancer cette mort où je cours,
500 Qu'à me dire une fois[4] ce qu'ils m'ont dit toujours.
Voilà, depuis un an, le seul soin qui m'anime.
Madame, c'est à vous de prendre une victime
Que les Scythes[5] auraient dérobée à vos coups
Si j'en avais trouvé d'aussi cruels que vous.

---

1. **Ma perte certaine :** la certitude de trouver la mort.
2. **Dégageait mes serments :** me déliait de mes serments.
3. **De mon sang prodigué :** du sang que je désirais leur prodiguer.
4. **Une fois :** une fois de plus.
5. **Les Scythes :** peuple des bords de la mer Noire réputé barbare.

HERMIONE

505 Quittez, Seigneur, quittez ce funeste langage.
À des soins plus pressants la Grèce vous engage.
Que[1] parlez-vous du Scythe et de mes cruautés ?
Songez à tous ces rois que vous représentez.
Faut-il que d'un transport leur vengeance dépende ?
510 Est-ce le sang d'Oreste enfin qu'on vous demande ?
Dégagez-vous des soins dont vous êtes chargé[2].

ORESTE

Les refus de Pyrrhus m'ont assez dégagé,
Madame : il me renvoie ; et quelque autre puissance
Lui fait du fils d'Hector embrasser[3] la défense.

HERMIONE

515 L'infidèle !

ORESTE

        Ainsi donc, tout prêt à le quitter,
Sur mon propre destin je viens vous consulter.
Déjà même je crois entendre la réponse
Qu'en secret contre moi votre haine prononce.

HERMIONE

Hé quoi ? toujours injuste en vos tristes discours,
520 De mon inimitié vous plaindrez-vous toujours ?
Quelle est cette rigueur tant de fois alléguée ?
J'ai passé dans l'Épire où j'étais reléguée :
Mon père l'ordonnait. Mais qui sait si depuis
Je n'ai point en secret partagé vos ennuis ?
525 Pensez-vous avoir seul éprouvé des alarmes ?
Que l'Épire jamais n'ait vu couler mes larmes ?
Enfin, qui vous a dit que malgré mon devoir
Je n'ai pas quelquefois souhaité de vous voir ?

---

1. **Que** : pourquoi (adverbe interrogatif).
2. Libérez-vous de votre mission en la remplissant.
3. **Embrasser** : choisir, adopter.

ORESTE

Souhaité de me voir ! Ah ! divine princesse...
530 Mais, de grâce, est-ce à moi que ce discours s'adresse ?
Ouvrez vos yeux : songez qu'Oreste est devant vous,
Oreste, si longtemps l'objet de leur courroux.

HERMIONE

Oui, c'est vous dont l'amour, naissant avec leurs charmes,
Leur apprit le premier le pouvoir de leurs armes[1] ;
535 Vous que mille vertus me forçaient d'estimer ;
Vous que j'ai plaint, enfin que je voudrais aimer.

ORESTE

Je vous entends[2]. Tel est mon partage[3] funeste :
Le cœur est pour Pyrrhus, et les vœux pour Oreste.

HERMIONE

Ah ! ne souhaitez pas le destin de Pyrrhus ;
540 Je vous haïrais trop.

ORESTE

                          Vous m'en aimeriez plus.
Ah ! que vous me verriez d'un regard bien contraire !
Vous me voulez aimer, et je ne puis vous plaire ;
Et l'amour seul alors se faisant obéir,
Vous m'aimeriez, Madame, en me voulant haïr :
545 Ô dieux ! tant de respects, une amitié[4] si tendre...
Que de raisons pour moi[5], si vous pouviez m'entendre !
Vous seule pour Pyrrhus disputez[6] aujourd'hui,
Peut-être malgré vous, sans doute malgré lui.
Car enfin il vous hait ; son âme ailleurs éprise
550 N'a plus...

---

1. Vers 533-534 : la passion d'Oreste a révélé à la jeune Hermione le pouvoir de sa beauté sur les hommes.
2. **Entends** : comprends.
3. **Mon partage** : ma part, mon lot.
4. **Amitié** : amour.
5. **Pour moi** : en ma faveur.
6. **Disputez** : fournissez des arguments pour lui, le soutenez.

HERMIONE

Qui vous l'a dit, Seigneur, qu'il me méprise ?
Ses regards, ses discours vous l'ont-ils donc appris ?
Jugez-vous que ma vue inspire des mépris,
Qu'elle allume en un cœur des feux si peu durables ?
Peut-être d'autres yeux me sont plus favorables.

ORESTE

555 Poursuivez : il est beau de m'insulter ainsi.
Cruelle, c'est donc moi qui vous méprise ici ?
Vos yeux n'ont pas assez éprouvé ma constance ?
Je suis donc un témoin[1] de leur peu de puissance ?
Je les ai méprisés ? Ah ! qu'ils voudraient bien voir
560 Mon rival comme moi mépriser leur pouvoir !

HERMIONE

Que m'importe, Seigneur, sa haine ou sa tendresse ?
Allez contre un rebelle armer toute la Grèce ;
Rapportez-lui le prix[2] de sa rébellion ;
Qu'on fasse de l'Épire un second Ilion[3].
565 Allez. Après cela direz-vous que je l'aime ?

ORESTE

Madame, faites plus, et venez-y vous-même.
Voulez-vous demeurer pour otage en ces lieux ?
Venez dans tous les cœurs faire parler vos yeux.
Faisons de notre haine une commune attaque.

HERMIONE

570 Mais, Seigneur, cependant[4], s'il épouse Andromaque ?

ORESTE

Hé, Madame !

---

1. **Témoin** : témoignage, preuve.
2. **Prix** : punition.
3. Voir p. 199.
4. **Cependant** : pendant ce temps.

HERMIONE

Songez quelle honte pour nous,
Si d'une Phrygienne il devenait l'époux !

ORESTE

Et vous le haïssez ? Avouez-le, Madame,
L'amour n'est pas un feu qu'on renferme en une âme :
575 Tout nous trahit, la voix, le silence, les yeux,
Et les feux mal couverts n'en éclatent que mieux.

HERMIONE

Seigneur, je le vois bien, votre âme prévenue[1]
Répand sur mes discours le venin qui la tue,
Toujours dans mes raisons cherche quelque détour,
580 Et croit qu'en moi la haine est un effort d'amour.
Il faut donc m'expliquer ; vous agirez ensuite.
Vous savez qu'en ces lieux mon devoir m'a conduite ;
Mon devoir m'y retient, et je n'en puis partir
Que[2] mon père ou Pyrrhus ne m'en fasse sortir.
585 De la part de mon père allez lui faire entendre
Que l'ennemi des Grecs ne peut être son gendre :
Du Troyen ou de moi faites-le décider[3] ;
Qu'il songe qui des deux il veut rendre ou garder ;
Enfin qu'il me renvoie, ou bien qu'il vous le livre.
590 Adieu. S'il y consent, je suis prête à vous suivre.

---

1. **Prévenue** : influencée en ma défaveur, mal disposée à mon égard.
2. **Que** : avant que, ou à moins que.
3. Obligez-le à choisir entre Astyanax et moi.

SITUER

Hermione condescend à rencontrer Oreste. Saura-t-elle persister dans ses nouvelles intentions et en convaincre Oreste ?

RÉFLÉCHIR

THÈMES : la passion et ses langages

1. Étudiez le champ lexical de la haine (termes, sujet, objet du sentiment) ; quelle atmosphère est ainsi créée ?

2. Faites de même avec le champ lexical de l'amour. Quand il s'agit d'un verbe, indiquez le mode et le temps employés. Que remarquez-vous ?

3. Reportez-vous à la *Carte de Tendre* (voir p. 151). Quel emplacement choisiriez-vous pour Oreste ? Pour Hermione ?

4. Quelles sont les deux images employées par Oreste pour parler de l'amour ? (v. 481 à 504 et v. 573 à 576) ? Laquelle vous paraît la plus juste ?

5. Relevez d'autres traits du langage galant (voir p. 152) dans la tirade d'Oreste, vers 481 à 504 : *paradoxe**, *hyperbole**, etc. Dans quelle mesure convient-il à l'expression de la passion tragique ?

REGISTRES ET TONALITÉS : les accents d'un cruel affrontement

6. Devant les lamentations d'Oreste, quelles expressions d'Hermione (vers 505-511) révèlent son impatience et son mépris ironique ?

7. Pourquoi Hermione mérite-t-elle ici l'épithète de *« cruelle »* ? Oreste ne fait-il pas preuve, lui aussi, de cruauté perfide ? Justifiez votre réponse.

8. Étudiez l'enchaînement des répliques : en quoi contribue-t-il à la tension de la scène ?

STRATÉGIES : rapports de force et mauvaise foi

9. Comment s'exprime, à partir du vers 550, la domination apparente d'Hermione ? Relevez les termes du vocabulaire moral et politique : vous paraissent-ils convaincants ? Pourquoi ?

10. Quels passages révèlent les véritables sentiments d'Hermione ? Qu'est-ce qui prouve qu'Oreste n'est pas dupe ?

ÉCRIRE

11. D'après Oreste, « L'amour n'est pas un feu qu'on renferme en une âme ;/ Tout nous trahit, la voix, le silence, les yeux » (v. 574-575). Rédigez pour cette entrevue des indications de mise en scène qui soulignent la passion amoureuse des deux personnages.

Scène 3. Oreste, *seul.*

Oui, oui, vous me suivrez, n'en doutez nullement :
Je vous réponds déjà de son consentement.
Je ne crains pas enfin que Pyrrhus la retienne :
Il n'a devant les yeux que sa chère Troyenne ;
595 Tout autre objet[1] le blesse ; et peut-être aujourd'hui
Il n'attend qu'un prétexte à[2] l'éloigner de lui.
Nous n'avons qu'à parler : c'en est fait. Quelle joie
D'enlever à l'Épire une si belle proie !
Sauve tout ce qui reste et de Troie et d'Hector,
600 Garde son fils, sa veuve, et mille autres encor,
Épire : c'est assez qu'Hermione rendue
Perde à jamais tes bords et ton prince de vue.
Mais un heureux destin le conduit en ces lieux.
Parlons. À tant d'attraits, Amour, ferme ses yeux !

Scène 4. Pyrrhus, Oreste, Phœnix.

Pyrrhus

605 Je vous cherchais, Seigneur. Un peu de violence
M'a fait de vos raisons combattre la puissance,
Je l'avoue ; et depuis que je vous ai quitté,
J'en ai senti la force et connu[3] l'équité.
J'ai songé, comme vous, qu'à la Grèce, à mon père,
610 À moi-même, en un mot, je devenais contraire ;
Que je relevais Troie, et rendais imparfait
Tout ce qu'a fait Achille et tout ce que j'ai fait.
Je ne condamne plus un courroux légitime,
Et l'on vous va, Seigneur, livrer votre victime.

Oreste

615 Seigneur, par ce conseil[4] prudent et rigoureux,
C'est acheter la paix du sang d'un malheureux.

---

1. Objet : personne, femme aimée.
2. À : pour.
3. Connu : reconnu, compris. Voir p. 198.
4. Conseil : décision.

SITUER

Rassuré par les dernières paroles d'Hermione, Oreste demeuré seul, laisse libre cours à sa joie. Survient Pyrrhus.

RÉFLÉCHIR

GENRES : dialogue et monologue

1. Comment s'enchaînent les scènes 2 et 3 ? Quel est l'effet produit ?

2. Vérifiez le sens du terme *monologue**. En quoi celui de la scène 3 rétablit-il une sorte de dialogue ? Comment et avec qui ? Dans quel but ?

REGISTRES ET TONALITÉS : une assurance lyrique

3. Cherchez la définition des mots *enjambement**, *rejet**, *contre-rejet**, puis appliquez ces connaissances au monologue d'Oreste. Quels sont les effets de ces procédés sur la tonalité du discours ?

4. Relevez les tournures de phrases (affirmations, restrictions, modes des verbes) qui montrent l'assurance d'Oreste. Quels sentiments éprouve-t-il ?

5. Cherchez le sens du mot *lyrisme**. Qu'y a-t-il de lyrique dans le monologue d'Oreste ?

DRAMATURGIE : un coup de théâtre cruel (scène 4)

6. Qu'est-ce qu'un *coup de théâtre** ? Le spectateur est-il plus ou moins surpris qu'Oreste ? Pourquoi ?

7. Qu'est-ce qui, dans les propos de Pyrrhus, exprime son autorité ? Et sa cruauté ? Que peut-on supposer des motifs de ce comportement ?

8. L'état d'esprit d'Oreste se modifie-t-il d'une réplique à l'autre ? Justifiez votre réponse.

ÉCRIRE

9. « Ah ! Dieux ! », s'exclame Oreste à la fin de la scène 4. En tenant compte de la lecture des scènes précédentes, vous imaginerez ses réactions à la décision de Pyrrhus sous la forme d'un monologue en prose.

DIRE

10. Lisez, à haute voix, les deux scènes : comment imaginez-vous la mise en scène du monologue d'Oreste ? Comment dramatiseriez-vous par la diction la confrontation entre Pyrrhus et Oreste ?

PYRRHUS

Oui, mais je veux, Seigneur, l'assurer davantage :
D'une éternelle paix Hermione est le gage ;
Je l'épouse. Il semblait qu'un spectacle si doux
620 N'attendît en ces lieux qu'un témoin tel que vous.
Vous y représentez tous les Grecs et son père,
Puisqu'en vous Ménélas voit revivre son frère[1].
Voyez-la donc. Allez. Dites-lui que demain
J'attends, avec la paix, son cœur de votre main.

ORESTE

625 Ah ! Dieux !

SCÈNE 5. PYRRHUS, PHŒNIX.

PYRRHUS

Eh bien, Phœnix, l'amour est-il le maître ?
Tes yeux refusent-ils encor de me connaître ?

PHŒNIX

Ah ! je vous reconnais ; et ce juste courroux,
Ainsi qu'à tous les Grecs, Seigneur, vous rend à vous.
Ce n'est plus le jouet d'une flamme servile[2] :
630 C'est Pyrrhus, c'est le fils et le rival d'Achille
Que la gloire à la fin ramène sous ses lois,
Qui triomphe de Troie une seconde fois.

PYRRHUS

Dis plutôt qu'aujourd'hui commence ma victoire.
D'aujourd'hui seulement je jouis de ma gloire ;
635 Et mon cœur, aussi fier que tu l'as vu soumis,
Croit avoir en l'amour vaincu mille ennemis.
Considère, Phœnix, les troubles que j'évite,
Quelle foule de maux l'amour traîne à sa suite,
Que d'amis, de devoirs, j'allais sacrifier,
640 Quels périls… Un regard m'eût tout fait oublier.

---

1. Voir p. 199.
2. **Servile :** qui rend esclave.

Tous les Grecs conjurés fondaient sur un rebelle.
Je trouvais du plaisir à me perdre pour elle.

PHŒNIX

Oui, je bénis, Seigneur, l'heureuse cruauté
Qui vous rend...

PYRRHUS

    Tu l'as vu, comme elle m'a traité.
645 Je pensais, en voyant sa tendresse alarmée,
Que son fils me la dût renvoyer désarmée.
J'allais voir le succès[1] de ses embrassements :
Je n'ai trouvé que pleurs mêlés d'emportements.
Sa misère l'aigrit ; et toujours plus farouche[2],
650 Cent fois le nom d'Hector est sorti de sa bouche.
Vainement à son fils j'assurais mon secours :
« C'est Hector, disait-elle, en l'embrassant toujours ;
Voilà ses yeux, sa bouche, et déjà son audace ;
C'est lui-même, c'est toi, cher époux, que j'embrasse. »
655 Et quelle est sa pensée ? Attend-elle en ce jour
Que je lui laisse un fils pour nourrir son amour ?

PHŒNIX

Sans doute, c'est le prix que vous gardait l'ingrate.
Mais laissez-la, Seigneur.

PYRRHUS

    Je vois ce qui la flatte[3] :
Sa beauté la rassure ; et, malgré mon courroux,
660 L'orgueilleuse m'attend encore à ses genoux.
Je la verrais aux miens, Phœnix, d'un œil tranquille.
Elle est veuve d'Hector, et je suis fils d'Achille :
Trop de haine sépare Andromaque et Pyrrhus.

PHŒNIX

Commencez donc, Seigneur, à ne m'en parler plus.
665 Allez voir Hermione ; et content[4] de lui plaire,

---

1. **Succès** : résultat.
2. **Plus farouche** : il s'agit toujours d'Andromaque.
3. **La flatte** : la berce d'illusions, lui donne de faux espoirs.
4. **Content** : vous contentant.

Oubliez à ses pieds jusqu'à votre colère.
Vous-même à cet hymen[1] venez la disposer.
Est-ce sur un rival qu'il s'en faut reposer[2] ?
Il ne l'aime que trop.

PYRRHUS

Crois-tu, si je l'épouse,
670 Qu'Andromaque en son cœur n'en sera pas jalouse ?

PHŒNIX

Quoi ! toujours Andromaque occupe votre esprit ?
Que vous importe, ô dieux ! sa joie ou son dépit ?
Quel charme, malgré vous, vers elle vous attire ?

PYRRHUS

Non, je n'ai pas bien dit tout ce qu'il lui faut dire :
675 Ma colère à ses yeux n'a paru qu'à demi ;
Elle ignore à quel point je suis son ennemi.
Retournons-y. Je veux la braver à sa vue[3],
Et donner à ma haine une libre étendue.
Viens voir tous ses attraits, Phœnix, humiliés.
680 Allons.

PHŒNIX

Allez, Seigneur, vous jeter à ses pieds.
Allez, en lui jurant que votre âme l'adore,
À de nouveaux mépris l'encourager encore.

PYRRHUS

Je le vois bien, tu crois que prêt à l'excuser
Mon cœur court après elle et cherche à s'apaiser.

PHŒNIX

685 Vous aimez : c'est assez.

PYRRHUS

Moi, l'aimer ? une ingrate

---

1. **Hymen** : mariage.
2. Faut-il confier cette mission à un rival ?
3. **À sa vue** : en face.

Qui me hait d'autant plus que mon amour la flatte[1] ?
Sans parents, sans amis, sans espoir que[2] sur moi,
Je puis perdre son fils ; peut-être je le doi[3] ;
Étrangère... que dis-je ? esclave dans l'Épire ;
690 Je lui donne son fils, mon âme, mon empire,
Et je ne puis gagner dans son perfide cœur
D'autre rang que celui de son persécuteur ?
Non, non, je l'ai juré, ma vengeance est certaine :
Il faut bien une fois justifier sa haine.
695 J'abandonne son fils. Que de pleurs vont couler !
De quel nom sa douleur me va-t-elle appeler !
Quel spectacle pour elle aujourd'hui se dispose[4] !
Elle en mourra, Phœnix, et j'en serai la cause.
C'est lui mettre moi-même un poignard dans le sein.

PHŒNIX

700 Et pourquoi donc en faire éclater le dessein ?
Que ne consultiez-vous tantôt votre faiblesse ?

PYRRHUS

Je t'entends. Mais excuse un reste de tendresse.
Crains-tu pour ma colère un si faible combat ?
D'un amour qui s'éteint c'est le dernier éclat.
705 Allons. À tes conseils, Phœnix, je m'abandonne.
Faut-il livrer son fils ? faut-il voir Hermione ?

PHŒNIX

Oui, voyez-la, Seigneur, et par des vœux soumis,
Protestez-lui[5]...

PYRRHUS

Faisons tout ce que j'ai promis.

---

1. **La flatte** : la ménage, lui donne de l'espérance.
2. **Sans espoir que** : sans espoir si ce n'est.
3. **Doi** : orthographe ancienne – d'ailleurs étymologique – du verbe, qui permet une rime exacte avec *moi*.
4. **Se dispose** : se prépare.
5. **Protestez-lui** : jurez-lui.

SITUER

Après avoir plongé Oreste dans le désespoir, Pyrrhus, persuadé d'avoir triomphé de sa passion pour Andromaque, se félicite de sa victoire devant Phœnix. Sa détermination sera-t-elle durable ?

RÉFLÉCHIR

PERSONNAGES : l'aveuglement de Pyrrhus

1. Dans quels passages apparemment hostiles à Andromaque transparaît pourtant l'amour de Pyrrhus ? Quelles expressions le révèlent ?

2. Comparez l'impuissance de Pyrrhus face à sa passion avec celle d'Hermione dans les scènes 1 et 2. Par exemple, quels points communs présentent les v. 570 et 670 ? Cherchez d'autres ressemblances.

SOCIÉTÉ : le prince et son confident

3. Que nous apprend la liste des personnages (p. 36) sur Phœnix ? Pourquoi celui-ci peut-il se permettre une certaine impertinence avec le roi ?

4. Comparez la longueur des répliques de Pyrrhus et de Phœnix, et observez leur enchaînement. Qu'en concluez-vous sur le comportement de Pyrrhus ?

5. Phœnix a assisté à l'entrevue d'Andromaque et de Pyrrhus. Pourquoi ce dernier lui en fait-il le récit (v. 644-654) ?

REGISTRES ET TONALITÉS : virulence et ironie

6. Relevez les interrogatives dans les propos de Pyrrhus. Quelles remarques pouvez-vous faire sur leurs formes et leurs valeurs ? Faites le même travail pour les expressions exclamatives.

7. Cherchez des propos ironiques dans les répliques de Phœnix. Quel est son véritable dessein ? Comparez son rôle à celui de Cléone auprès d'Hermione dans la scène 1.

ÉCRIRE

8. À l'issue de cet entretien, Phœnix décrit à un proche les véritables sentiments de Pyrrhus : rédigez son discours.

ACTION : l'acte du retournement
Dans l'acte I, Pyrrhus semblait avoir pris de fermes résolutions
(v. 253, 288) ; dans l'acte II, il proclame les décisions inverses
(v. 614, 619).
1. Ce coup de théâtre change-t-il définitivement l'orientation de
l'intrigue ? Comment Racine ménage-t-il le suspense ? Quel rôle
joue le dernier vers de l'acte ?
2. Si Andromaque n'apparaît dans aucune scène de l'acte II, son
personnage garde pourtant une importance primordiale dans
l'intrigue. Où et comment sa présence se fait-elle sentir dans l'action ?

PERSONNAGES : des héros trop humains
Prisonniers de leur passion, les protagonistes* s'aveuglent sur les
motifs de leur comportement.
3. Présent dans trois scènes sur cinq (dont un monologue), Oreste
est le personnage principal de l'acte II. Quels éléments confirment
son caractère par rapport à l'acte I ? Quels éléments le complètent ?
4. Dans la scène 1, Hermione apparaissait amère et hésitante.
Hermione sort à la fin de la scène 2 raffermie et décidée. Pourquoi
ce changement ?
5. Si Pyrrhus sait faire usage de son autorité, ce n'est pas au service
de la politique ; pourquoi peut-on l'accuser d'abus de pouvoir et de
mauvaise foi ? Quelle influence ses volte-face ont-elles sur sa dignité ?

REGISTRES ET TONALITÉS : les accents de la passion frustrée
Amoureux insatisfaits, déséquilibrés par leur passion, Hermione,
Oreste et Pyrrhus changent d'humeur et de ton au gré des circonstances, oscillant de l'ironie à l'euphorie ou à l'abattement.
6. Recherchez des vers qui illustrent ces humeurs successives pour
chacun d'eux.
Qui est le plus cruel ? Qui est le plus pathétique ?

■ ÉCRIRE

7. Dans les vers 645-654 (scène 5), Pyrrhus fait allusion à une
entrevue qui s'est déroulée hors de la scène :
• Rédigez un dialogue théâtral correspondant à ce récit.
• Dans un paragraphe rédigé, expliquez pourquoi, d'après vous,
Racine a choisi de raconter plutôt que de représenter cette scène.

ACTE III

SCÈNE PREMIÈRE. ORESTE, PYLADE.

PYLADE

Modérez donc, Seigneur, cette fureur[1] extrême.
710 Je ne vous connais plus : vous n'êtes plus vous-même.
Souffrez…

ORESTE

      Non, tes conseils ne sont plus de saison,
Pylade, je suis las d'écouter la raison.
C'est traîner trop longtemps ma vie et mon supplice.
Il faut que je l'enlève, ou bien que je périsse.
715 Le dessein en est pris, je le veux achever.
Oui, je le veux.

PYLADE

      Hé bien, il la faut enlever ;
J'y consens. Mais songez cependant où vous êtes.
Que croira-t-on de vous, à voir ce que vous faites ?
Dissimulez : calmez ce transport inquiet[2],
720 Commandez à vos yeux de garder le secret.
Ces gardes, cette cour, l'air qui vous environne,
Tout dépend de Pyrrhus, et surtout Hermione.
À ses regards surtout cachez votre courroux.
Ô dieux ! en cet état pourquoi la cherchiez-vous ?

ORESTE

725 Que sais-je ? De moi-même étais-je alors le maître ?
La fureur m'emportait, et je venais peut-être
Menacer à la fois l'ingrate et son amant.

---

1. **Fureur** : grande colère qui confine à la folie furieuse. Voir p. 200.
2. **Transport inquiet** : agitation violente. Voir p. 201.

PYLADE

Et quel était[1] le fruit de cet emportement ?

ORESTE

Et quelle âme, dis-moi, ne serait éperdue[2]
730 Du coup dont ma raison vient d'être confondue[3] ?
Il épouse, dit-il, Hermione demain ;
Il veut, pour m'honorer, la tenir de ma main.
Ah ! plutôt cette main dans le sang du barbare...

PYLADE

Vous l'accusez, Seigneur, de ce destin bizarre.
735 Cependant, tourmenté de ses propres desseins,
Il est peut-être à plaindre autant que je vous plains.

ORESTE

Non, non, je le connais, mon désespoir le flatte[4] ;
Sans moi, sans mon amour, il dédaignait l'ingrate ;
Ses charmes jusque-là n'avaient pu le toucher :
740 Le cruel ne la prend que pour me l'arracher.
Ah ! dieux ! c'en était fait : Hermione gagnée
Pour jamais de sa vue allait être éloignée.
Son cœur, entre l'amour et le dépit confus[5],
Pour se donner à moi n'attendait qu'un refus ;
745 Ses yeux s'ouvraient, Pylade ; elle écoutait Oreste,
Lui parlait, le plaignait. Un mot eût fait le reste.

PYLADE

Vous le croyez.

ORESTE

                    Hé quoi ? ce courroux enflammé
Contre un ingrat...

---

1. **Était :** imparfait à valeur conditionnelle : aurait été.
2. **Éperdue :** folle de douleur.
3. **Confondue :** déconcertée, bouleversée.
4. **Le flatte :** lui fait plaisir.
5. **Confus :** adjectif se rapportant au nom « *cœur* » ; hésitant, incertain.

PYLADE

Jamais il ne fut plus aimé.
Pensez-vous, quand[1] Pyrrhus vous l'aurait accordée,
750 Qu'un prétexte tout prêt ne l'eût pas retardée ?
M'en croirez-vous ? Lassé de ses trompeurs attraits,
Au lieu de l'enlever, fuyez-la pour jamais.
Quoi ! votre amour se veut charger d'une furie[2]
Qui vous détestera, qui toute votre vie,
755 Regrettant un hymen tout prêt à s'achever,
Voudra…

ORESTE

C'est pour cela que je veux l'enlever.
Tout lui rirait[3], Pylade ; et moi, pour mon partage,
Je n'emporterais donc qu'une inutile rage ?
J'irais loin d'elle encor tâcher de l'oublier ?
760 Non, non, à mes tourments je veux l'associer.
C'est trop gémir tout seul. Je suis las qu'on me plaigne :
Je prétends qu'à mon tour l'inhumaine me craigne,
Et que ses yeux cruels, à pleurer condamnés,
Me rendent tous les noms que je leur ai donnés.

PYLADE

765 Voilà donc le succès[4] qu'aura votre ambassade :
Oreste ravisseur !

ORESTE

Et qu'importe, Pylade ?
Quand nos États vengés jouiront de mes soins,
L'ingrate de mes pleurs jouira-t-elle moins ?
Et que[5] me servira que la Grèce m'admire,

---

1. **Quand :** en admettant que, même si.
2. **Furie :** employé ici comme nom commun pour désigner une femme méchante et emportée. Dans la mythologie, les Furies étaient des divinités infernales chargées d'exécuter la vengeance des dieux. Voir p. 198.
3. **Tout lui rirait :** tout lui serait favorable.
4. **Succès :** issue. Voir p. 201.
5. **Que me servira :** à quoi me servira.

770 Tandis que je serai la fable[1] de l'Épire ?
   Que veux-tu ? Mais, s'il faut ne te rien déguiser,
   Mon innocence enfin commence à me peser.
   Je ne sais de tout temps quelle injuste puissance
   Laisse le crime en paix et poursuit l'innocence.
775 De quelque part sur moi que je tourne les yeux[2],
   Je ne vois que malheurs qui condamnent les dieux.
   Méritons leur courroux, justifions leur haine,
   Et que le fruit du crime en précède la peine.
   Mais toi, par quelle erreur veux-tu toujours sur toi
780 Détourner un courroux qui ne cherche que moi ?
   Assez et trop longtemps[3] mon amitié t'accable :
   Évite un malheureux, abandonne un coupable.
   Cher Pylade, crois-moi, ta pitié te séduit[4].
   Laisse-moi des périls dont j'attends tout le fruit.
785 Porte aux Grecs cet enfant que Pyrrhus m'abandonne.
   Va-t'en.

PYLADE

   Allons, Seigneur, enlevons Hermione.
   Au travers des périls un grand cœur se fait jour[5].
   Que ne peut l'amitié conduite par l'amour ?
   Allons de tous vos Grecs encourager le zèle :
790 Nos vaisseaux sont tout prêts, et le vent nous appelle.
   Je sais de ce palais tous les détours obscurs ;
   Vous voyez que la mer en vient battre les murs ;
   Et cette nuit, sans peine, une secrète voie
   Jusqu'en votre vaisseau conduira votre proie.

ORESTE

795 J'abuse, cher ami, de ton trop d'amitié
   Mais pardonne à des maux dont toi seul as pitié ;

---

1. **La fable :** la risée.
2. Quel que soit le moment de ma vie que je considère. (Voir *fatalité* p. 166-167).
3. **Trop longtemps :** depuis trop longtemps.
4. **Séduit :** trompe.
5. **Un grand cœur se fait jour :** un grand courage se révèle.

SITUER

La décision de Pyrrhus de livrer Astyanax aux Grecs et d'épouser Hermione a laissé Oreste anéanti. Il revient sur scène avec Pylade.

RÉFLÉCHIR

PERSONNAGES : le vertige du mal

1. Comparez les principaux modes et temps employés par les personnages dans les vers 737 à 764 : Oreste et Pylade ont-ils la même vision de la réalité ? De l'avenir ? Pourquoi ?

2. Dans les vers 756 à 766, quelle réciprocité Oreste attend-il de son union avec Hermione ? Qu'en concluez-vous sur les effets de la passion ?

3. Quels termes et quelles tournures de phrase expriment la révolte d'Oreste dans les vers 766 à 778 ? Contre qui ou contre quoi s'exprime-t-elle ?

STRUCTURE : un étonnant chassé-croisé

4. À quoi remarque-t-on que, sans modifier son projet, Oreste surmonte progressivement son « inutile rage » ?

5. Comparez l'évolution des discours respectifs de Pylade et d'Oreste : que constatez-vous ? Comment joueriez-vous l'entrée et la sortie des deux personnages ?

THÈMES : premiers symptômes de la folie ?

6. Relisez les vers 711, 737, 756, 766 : comment les répliques d'Oreste s'enchaînent-elles à celles de Pylade ? Quel effet cela produit-il ?

7. Quels sont les indices de l'aliénation d'Oreste dans cette scène ? L'accusation lancée contre Pyrrhus aux vers 737-740 vous paraît-elle justifiée ? Comment appelle-t-on cette sorte d'obsession ?

STRATÉGIES : Pylade, un ami efficace

8. Repérez les arguments successifs de Pylade pour dissuader Oreste d'enlever Hermione. Dans quel ordre les formule-t-il ? À quel moment et pourquoi est-il le plus brutal avec Oreste ?

9. Où et pourquoi Pylade change-t-il d'avis et de ton à propos de l'enlèvement d'Hermione ?

10. Relevez les verbes à l'impératif dans le discours de Pylade : quelle est l'exhortation principale du confident ? Pourquoi est-il si inquiet ?

DIRE

11. Quels arguments, dans ce projet d'enlèvement d'Hermione, Pylade (avec Oreste ?) pourrait-il imaginer pour « encourager le zèle » des Grecs (v. 789) ? Quelles difficultés y aurait-il à justifier cette aide ?

Excuse un malheureux qui perd[1] tout ce qu'il aime,
Que tout le monde hait, et qui se hait lui-même.
Que ne puis-je à mon tour dans un sort plus heureux…

PYLADE

800 Dissimulez, Seigneur, c'est tout ce que je veux.
Gardez[2] qu'avant le coup votre dessein n'éclate :
Oubliez jusque-là qu'Hermione est ingrate ;
Oubliez votre amour. Elle vient, je la voi[3].

ORESTE

Va-t'en. Réponds-moi d'elle, et je réponds de moi.

SCÈNE 2. HERMIONE, ORESTE, CLÉONE.

ORESTE

805 Hé bien ! mes soins vous ont rendu votre conquête.
J'ai vu Pyrrhus, Madame, et votre hymen s'apprête.

HERMIONE

On le dit ; et de plus on vient de m'assurer
Que vous ne me cherchiez que pour m'y préparer.

ORESTE

Et votre âme à ses vœux ne sera pas rebelle ?

HERMIONE

810 Qui l'eût cru, que Pyrrhus ne fût pas infidèle ?
Que sa flamme attendrait si tard pour éclater ?
Qu'il reviendrait à moi, quand je l'allais quitter ?
Je veux croire avec vous qu'il redoute la Grèce,
Qu'il suit son intérêt plutôt que sa tendresse,
815 Que mes yeux sur votre âme étaient plus absolus[4].

---

1. **Perd :** cause la perte.
2. **Gardez que :** prenez garde que.
3. **Voi :** voir p. 75, note 3.
4. **Étaient plus absolus :** avaient un pouvoir plus absolu.

ORESTE

Non, Madame ; il vous aime, et je n'en doute plus.
Vos yeux ne font-ils pas tout ce qu'ils veulent faire ?
Et vous ne vouliez pas sans doute lui déplaire.

HERMIONE

Mais que puis-je, Seigneur ? On a promis ma foi.
820 Lui ravirai-je un bien qu'il ne tient pas de moi ?
L'amour ne règle pas le sort d'une princesse :
La gloire d'obéir est tout ce qu'on nous laisse.
Cependant je partais, et vous avez pu voir
Combien je relâchais pour vous de mon devoir[1].

ORESTE

825 Ah ! que vous saviez bien, cruelle… Mais, Madame,
Chacun peut à son choix disposer de son âme.
La vôtre était à vous. J'espérais ; mais enfin
Vous l'avez pu donner sans me faire un larcin[2].
Je vous accuse aussi bien moins que la fortune[3].
830 Et pourquoi vous lasser d'une plainte importune ?
Tel est votre devoir, je l'avoue ; et le mien
Est de vous épargner un si triste entretien.

SCÈNE 3. HERMIONE, CLÉONE.

HERMIONE

Attendais-tu, Cléone, un courroux si modeste[4] ?

CLÉONE

La douleur qui se tait n'en est que plus funeste[5].
835 Je le plains d'autant plus qu'auteur[6] de son ennui,

---

1. Combien j'abandonnais pour vous mon devoir.
2. **Larcin** : vol.
3. **Fortune** : fatalité. Voir p. 199.
4. **Modeste** : modéré.
5. **Funeste** : sens fort ; annonciatrice de mort. Voir p. 199.
6. **Auteur** : responsable.

Le coup qui l'a perdu n'est parti que de lui.
Comptez depuis quel temps votre hymen se prépare.
Il a parlé, Madame, et Pyrrhus se déclare.

HERMIONE

Tu crois que Pyrrhus craint ? Et que craint-il encor ?
840 Des peuples qui, dix ans, ont fui devant Hector,
Qui cent fois, effrayés de l'absence d'Achille,
Dans leurs vaisseaux brûlants ont cherché leur asile,
Et qu'on verrait encor, sans l'appui de son fils[1],
Redemander Hélène aux Troyens impunis ?
845 Non, Cléone, il n'est point ennemi de lui-même :
Il veut tout ce qu'il fait ; et s'il m'épouse, il m'aime.
Mais qu'Oreste à son gré m'impute[2] ses douleurs :
N'avons-nous d'entretien que celui de ses pleurs ?
Pyrrhus revient à nous. Hé bien ! chère Cléone,
850 Conçois-tu[3] les transports de l'heureuse Hermione ?
Sais-tu quel[4] est Pyrrhus ? T'es-tu fait raconter
Le nombre des exploits… Mais qui les peut compter ?
Intrépide, et partout suivi de la victoire,
Charmant, fidèle enfin, rien ne manque à sa gloire.
855 Songe…

CLÉONE

Dissimulez. Votre rivale en pleurs
Vient à vos pieds, sans doute, apporter ses douleurs.

HERMIONE

Dieux ! ne puis-je à ma joie abandonner mon âme ?
Sortons : que lui dirais-je ?

---

1. **Son fils :** il s'agit du fils d'Achille, donc de Pyrrhus.
2. **M'impute :** me rende responsable de.
3. **Conçois-tu :** te fais-tu une juste idée de.
4. **Quel :** quel homme.

SITUER

Oreste, désespéré, s'est montré prêt à tout pour obtenir Hermione ; Pylade consent à l'aider, mais conjure Oreste de cacher ses sentiments devant elle…

RÉFLÉCHIR

REGISTRES ET TONALITÉS : une exaltation aveugle

1. Vérifiez le sens du mot *gradation**. Dans quels vers en relevez-vous ? Quel est l'effet de cette figure sur l'évolution du ton ? Recherchez d'autres procédés qui traduisent l'exaltation d'Hermione.

2. Recherchez deux manifestations d'égoïsme dans les propos d'Hermione : quelle peut être la réaction du spectateur ?

3. Quelles ressemblances observez-vous entre le discours d'Hermione et le monologue d'Oreste (II, 3) ? Qu'en déduisez-vous ?

QUI PARLE ? QUI VOIT ? les masques de la dignité

4. Dans un tableau à deux colonnes, vous opposerez les affirmations d'Oreste dans la scène 2 avec celles de la scène 1. Pourquoi ce revirement de la part d'Oreste ?

5. À qui Hermione fait-elle allusion avec le « on » du vers 807 ? des vers 819 et 822 ? Pourquoi emploie-t-elle ce pronom ?

6. Relevez les deux mensonges successifs faits par Hermione à Oreste. Derrière quel prétexte facile se retranche-t-elle ?

7. Quelle influence la dissimulation des personnages a-t-elle sur l'atmosphère de la scène ?

STRATÉGIES : l'action de Cléone

8. Qu'est-ce qu'une *maxime** ? Cherchez-en une dans les propos de Cléone. Pourquoi ce procédé est-il plus efficace qu'une allusion directe ?

9. Comparez le rôle de Cléone à celui de Pylade dans la scène 1. Quels sont leurs points communs ?

DIRE

10. Faites le portrait psychologique d'Hermione, en dégageant de ces deux scènes ses principaux traits de caractère.

SCÈNE 4. ANDROMAQUE, HERMIONE, CLÉONE, CÉPHISE.

ANDROMAQUE

Où fuyez-vous, Madame ?
N'est-ce pas à vos yeux un spectacle assez doux
860 Que la veuve d'Hector pleurante[1] à vos genoux ?
Je ne viens point ici, par de jalouses larmes,
Vous envier un cœur qui se rend à vos charmes.
Par une main cruelle, hélas ! j'ai vu percer
Le seul[2] où mes regards prétendaient s'adresser.
865 Ma flamme par Hector fut jadis allumée ;
Avec lui dans la tombe elle s'est enfermée.
Mais il me reste un fils. Vous saurez quelque jour,
Madame, pour un fils jusqu'où va notre amour ;
Mais vous ne saurez pas, du moins je le souhaite,
870 En quel trouble mortel son intérêt[3] nous jette,
Lorsque de tant de biens qui pouvaient nous flatter[4],
C'est le seul qui nous reste, et qu'on veut nous l'ôter.
Hélas ! lorsque, lassés de dix ans de misère,
Les Troyens en courroux menaçaient votre mère[5],
875 J'ai su de mon Hector lui procurer l'appui.
Vous pouvez sur Pyrrhus ce que j'ai pu sur lui.
Que craint-on d'un enfant qui survit à sa perte ?
Laissez-moi le cacher en quelque île déserte.
Sur les soins de sa mère on peut s'en assurer[6],
880 Et mon fils avec moi n'apprendra qu'à pleurer.

HERMIONE

Je conçois vos douleurs. Mais un devoir austère,

---

1. **Pleurante** : au XVIIᵉ siècle, on accorde couramment le participe présent comme un adjectif verbal.
2. **Le seul** : le seul cœur.
3. **Son intérêt** : l'intérêt qu'on a pour lui, le souci qu'on se fait pour lui.
4. **Flatter** : favoriser, réjouir.
5. **Votre mère** : Hélène.
6. Si on le confie à la sollicitude de sa mère, on n'a rien à craindre de lui.

Ah Seigneur ! arrêtez ! que prétendez-vous faire ?
Si vous livrez le fils, livrez-leur donc la mère !

Ac. III. Sc. 6ᵉ.

J.-M. Moreau le Jeune, gravure pour *Andromaque*, Acte III, sc. 6.

ACTE III SCÈNES 4 ET 5

SITUER

Persuadée d'être aimée, Hermione s'abandonne à sa joie. Elle est interrompue par Andromaque : celle-ci vient l'implorer d'intercéder en faveur de son fils auprès de Pyrrhus.

RÉFLÉCHIR

STRATÉGIES : la plaidoirie d'une reine, désespoir et dignité
1. En observant les temps verbaux employés par Andromaque, distinguez les phases de son discours. Quels types d'arguments emploie-t-elle successivement ? Dans quel ordre les place-t-elle ? Dans quel but ?

2. Quels sentiments Andromaque flatte-t-elle chez Hermione pour la convaincre ? Comment prouve-t-elle qu'elle connaît bien la princesse ?

3. Rapprochez ce discours d'Andromaque de ceux d'Oreste et d'Hermione dans les scènes précédentes : comparez la ponctuation et le ton. Qu'en déduisez-vous ?

REGISTRES ET TONALITÉS : un défi imprudent
4. Quel argument Hermione oppose-t-elle à Andromaque ? Quand l'a-t-elle déjà employé ?

5. Expliquez la véritable raison de son inflexibilité. Quels sentiments les vers 884-885 révèlent-ils ? Quel ton adopteriez-vous ?

6. Pourquoi, dans la scène 5, Céphise encourage-t-elle Andromaque à suivre le conseil de son ennemie ?

MISE EN SCÈNE : comment jouer la supplication ?
7. Recherchez ce qu'est une *didascalie**. Y en a-t-il ici ? Et dans le discours d'Andromaque ? En quoi ces indications contribuent-elles au pathétique ?

8. Observez les différences de teintes dans le costume des personnages sur la photographie p. 81. En quoi aident-elles à les identifier ? Quel est ici l'intérêt d'une photographie en noir et blanc ?

9. Andromaque et Hermione ont-elles la place et l'attitude qui conviennent à leurs répliques ? Justifiez votre réponse.

ÉCRIRE

10. En une dizaine de lignes, rédigez les indications scéniques utiles pour jouer ces deux scènes en soulignant leur pathétique.

Quand mon père a parlé, m'ordonne de me taire.
C'est lui qui de Pyrrhus fait agir le courroux.
S'il faut fléchir Pyrrhus, qui le peut mieux que vous ?
885 Vos yeux assez longtemps ont régné sur son âme.
Faites-le prononcer[1] : j'y souscrirai[2], Madame.

SCÈNE 5. ANDROMAQUE, CÉPHISE.

ANDROMAQUE

Quel mépris la cruelle attache à ses refus !

CÉPHISE

Je croirais[3] ses conseils, et je verrais Pyrrhus.
Un regard confondrait[4] Hermione et la Grèce...
890 Mais lui-même il vous cherche.

SCÈNE 6. PYRRHUS, ANDROMAQUE,
PHŒNIX, CÉPHISE.

PYRRHUS, à Phœnix.

Où donc est la princesse[5] ?
Ne m'avais-tu pas dit qu'elle était en ces lieux ?

PHŒNIX

Je le croyais.

ANDROMAQUE, à Céphise.
Tu vois le pouvoir de mes yeux.

---

1. **Prononcer** : prendre une décision, se prononcer.
2. **Souscrirai** : donnerai mon approbation.
3. **Je croirais ; je verrais** : il faut sous-entendre une approbation hypothétique
   du type : « si j'étais à votre place... ». L'emploi du conditionnel (plutôt
   qu'un impératif) atténue la valeur d'exhortation des verbes.
4. **Confondrait** : vaincrait, aurait raison de.
5. **La princesse** : Hermione.

PYRRHUS

Que dit-elle, Phœnix ?

ANDROMAQUE

Hélas ! tout m'abandonne.

PHŒNIX

Allons, Seigneur, marchons sur les pas d'Hermione.

CÉPHISE

895 Qu'attendez-vous ? Rompez ce silence obstiné.

ANDROMAQUE

Il a promis mon fils.

CÉPHISE

Il ne l'a pas donné.

ANDROMAQUE

Non, non, j'ai beau pleurer, sa mort est résolue.

PYRRHUS

Daigne-t-elle sur nous tourner au moins la vue ?
Quel orgueil !

ANDROMAQUE

Je ne fais que l'irriter encor[1].
900 Sortons.

PYRRHUS

Allons aux Grecs livrer le fils d'Hector.

ANDROMAQUE, *se jetant aux pieds de Pyrrhus.*

Ah ! Seigneur, arrêtez ! Que prétendez-vous faire ?
Si vous livrez le fils, livrez-leur donc la mère.
Vos serments m'ont tantôt[2] juré tant d'amitié[3] !

---

1. **Encor :** encore davantage.
2. **Tantôt :** tout à l'heure, il y a peu de temps.
3. **Amitié :** amour.

Dieux ! ne pourrai-je au moins toucher votre pitié ?
905 Sans espoir de pardon m'avez-vous condamnée ?

PYRRHUS

Phœnix vous le dira, ma parole est donnée.

ANDROMAQUE

Vous qui braviez pour moi tant de périls divers[1] !

PYRRHUS

J'étais aveugle alors ; mes yeux se sont ouverts.
Sa grâce à vos désirs pouvait être accordée ;
910 Mais vous ne l'avez pas seulement demandée.
C'en est fait.

ANDROMAQUE

      Ah ! Seigneur, vous entendiez[2] assez
Des soupirs qui craignaient de se voir repoussés.
Pardonnez à l'éclat d'une illustre fortune[3]
Ce reste de fierté qui craint d'être importune.
915 Vous ne l'ignorez pas : Andromaque, sans vous,
N'aurait jamais d'un maître embrassé les genoux.

PYRRHUS

Non, vous me haïssez ; et dans le fond de l'âme
Vous craignez de devoir quelque chose à ma flamme.
Ce fils même, ce fils, l'objet de tant de soins,
920 Si je l'avais sauvé, vous l'en aimeriez moins.
La haine, le mépris, contre moi tout s'assemble ;
Vous me haïssez plus que tous les Grecs ensemble.
Jouissez à loisir d'un si noble courroux.
Allons, Phœnix.

ANDROMAQUE

      Allons rejoindre mon époux.

---

1. Allusion aux vers 283 à 290.
2. **Entendiez :** compreniez.
3. **Fortune :** condition sociale. Voir p. 199.

CÉPHISE

925 Madame…

ANDROMAQUE, *à Céphise.*

Et que veux-tu que je lui dise encore ?
Auteur de tous mes maux, crois-tu qu'il les ignore ?
(À Pyrrhus.)
Seigneur, voyez l'état où vous me réduisez.
J'ai vu mon père mort et nos murs embrasés ;
J'ai vu trancher les jours de ma famille entière,
930 Et mon époux sanglant traîné sur la poussière,
Son fils, seul avec moi, réservé pour les fers[1].
Mais que ne peut un fils ? Je respire, je sers[2].
J'ai fait plus : je me suis quelquefois consolée
Qu'ici, plutôt qu'ailleurs, le sort m'eût exilée ;
935 Qu'heureux dans son malheur, le fils de tant de rois,
Puisqu'il devait servir, fût tombé sous vos lois.
J'ai cru que sa prison deviendrait son asile.
Jadis Priam soumis[3] fut respecté d'Achille :
J'attendais de son fils encor plus de bonté.
940 Pardonne, cher Hector, à ma crédulité.
Je n'ai pu soupçonner ton ennemi d'un crime ;
Malgré lui-même enfin je l'ai cru magnanime.
Ah ! s'il l'était assez pour nous laisser du moins
Au tombeau qu'à ta cendre ont élevé mes soins,
945 Et que finissant là sa haine et nos misères,
Il ne séparât point des dépouilles[4] si chères !

PYRRHUS

Va m'attendre, Phœnix.

---

1. **Fers :** chaînes de l'esclavage. Voir p. 198.
2. **Je respire, je sers :** je suis en vie, je suis esclave (de même, au v. 936 : « puisqu'il devait servir » signifie : « puisqu'il devait tomber en esclavage »).
3. **Soumis :** vaincu et fait prisonnier.
4. **Dépouilles :** cadavres, corps (en tant qu'objets de rites funéraires).

SCÈNE 7. PYRRHUS, ANDROMAQUE, CÉPHISE.

PYRRHUS *continue.*

Madame, demeurez.
On peut vous rendre encor ce fils que vous pleurez.
Oui, je sens à regret qu'en excitant vos larmes
950 Je ne fais contre moi que vous donner des armes.
Je croyais apporter plus de haine en ces lieux.
Mais, Madame, du moins tournez vers moi les yeux :
Voyez si mes regards sont d'un juge sévère,
S'ils sont d'un ennemi qui cherche à vous déplaire.
955 Pourquoi me forcez-vous vous-même à vous trahir ?
Au nom de votre fils, cessons de nous haïr.
À le sauver enfin c'est moi qui vous convie.
Faut-il que mes soupirs vous demandent sa vie ?
Faut-il qu'en sa faveur j'embrasse vos genoux ?
960 Pour la dernière fois, sauvez-le, sauvez-vous.
Je sais de quels serments je romps pour vous les chaînes,
Combien je vais sur moi faire éclater de haines.
Je renvoie Hermione, et je mets sur son front,
Au lieu de ma couronne, un éternel affront.
965 Je vous conduis au temple où son hymen s'apprête ;
Je vous ceins du bandeau[1] préparé pour sa tête.
Mais ce n'est plus, Madame, une offre à dédaigner :
Je vous le dis, il faut ou périr ou régner.
Mon cœur, désespéré d'un an d'ingratitude[2],
970 Ne peut plus de son sort souffrir l'incertitude.
C'est craindre, menacer et gémir trop longtemps.
Je meurs si je vous perds ; mais je meurs si j'attends.
Songez-y : je vous laisse, et je viendrai vous prendre
Pour vous mener au temple où ce fils doit m'attendre ;
975 Et là vous me verrez, soumis ou furieux,
Vous couronner, Madame, ou le perdre à vos yeux[3].

---

1. **Bandeau :** insigne de la royauté qui équivaut au diadème.
2. **Ingratitude :** indifférence, voire hostilité à l'amour que je vous porte.
3. **Ou le perdre à vos yeux :** le faire mourir sous vos yeux.

▶ SITUER

Cruellement repoussée par Hermione, Andromaque accablée se résout à implorer Pyrrhus. Va-t-il seulement écouter ses supplications ?

▶ RÉFLÉCHIR

DRAMATURGIE : une scène de dépit amoureux (scène 6)

1. Recherchez le sens des expressions *aparté**, *stichomythie**, *fausse sortie**, puis appliquez ces connaissances à la scène 6 : quelles en sont les étapes ? Dans quelles pièces trouve-t-on ordinairement ce genre de scène ?

2. Cette scène vous paraît-elle plus aisément compréhensible pour le lecteur ou pour le spectateur ? Pourquoi ?

STRATÉGIES : chantage et ultimatum

3. Comparez les v. 893 et 921, puis les v. 916 et 959 : quels sont leurs points communs ? Andromaque et Pyrrhus ont-ils les mêmes intentions en les prononçant ? Justifiez votre réponse.

4. De quel moyen de pression dispose Pyrrhus sur Andromaque ? Quel est celui dont joue Andromaque ? Est-il efficace ?

5. Pourquoi Pyrrhus fait-il sortir Phœnix à la fin de la scène 6 ?

6. Vérifiez le sens du mot antithèse et recherchez-en plusieurs dans la tirade de Pyrrhus (scène 7). Quels procédés viennent les renforcer ? Quel est le rôle des répétitions ?

REGISTRES ET TONALITÉS : le pathétique et la menace

7. Cherchez le sens du mot pathétique. En quoi convient-il à la tirade d'Andromaque ?

8. Relevez les verbes employés au présent par Pyrrhus (scène 7) et classez-les selon leur valeur. En quoi nous renseignent-ils sur l'évolution des sentiments du roi ? Qu'est-ce qui différencie le pathétique de Pyrrhus de celui d'Andromaque ?

MISE EN SCÈNE : domination tragique

9. Observez l'image de la page 88, puis expliquez en quoi la composition du groupe, la physionomie des personnages, leurs gestes contribuent à peindre Pyrrhus en souverain inexorable.

10. Comparez la gravure de la page 88 à celle de la page 5 (Girodet, dans le dossier iconographique) : laquelle vous paraît privilégier le tragique ? et la pathétique ?

SCÈNE 8. ANDROMAQUE, CÉPHISE.

CÉPHISE

Je vous l'avais prédit, qu'en dépit de la Grèce,
De votre sort encor vous seriez la maîtresse.

ANDROMAQUE

Hélas ! de quel effet tes discours sont suivis !
980 Il ne me restait plus qu'à condamner mon fils.

CÉPHISE

Madame, à votre époux c'est être assez fidèle :
Trop de vertu pourrait vous rendre criminelle ;
Lui-même il porterait votre âme à la douceur.

ANDROMAQUE

Quoi ! je lui donnerais Pyrrhus pour successeur ?

CÉPHISE

985 Ainsi le veut son fils, que les Grecs vous ravissent[1].
Pensez-vous qu'après tout ses mânes[2] en rougissent ?
Qu'il méprisât[3], Madame, un roi victorieux
Qui vous fait remonter au rang de vos aïeux,
Qui foule aux pieds pour vous vos vainqueurs en colère,
990 Qui ne se souvient plus qu'Achille était son père,
Qui dément ses exploits et les rend superflus ?

ANDROMAQUE

Dois-je les oublier, s'il ne s'en souvient plus ?
Dois-je oublier Hector privé de funérailles,
Et traîné sans honneur autour de nos murailles ?
995 Dois-je oublier son père à mes pieds renversé,
Ensanglantant l'autel qu'il tenait embrassé[4] ?

---

1. **Ravissent** : enlèvent.
2. **Mânes** : ce sont les âmes des morts.
3. **Méprisât** : « Pensez-vous qu'il mépriserait Pyrrhus (s'il vous voyait l'épouser) ? »
4. **Embrassé** : il avait passé ses bras autour de l'autel. Dans l'Antiquité, cette attitude signifiait qu'on se plaçait sous la protection des dieux.

Songe, songe, Céphise, à cette nuit cruelle
Qui fut pour tout un peuple une nuit éternelle.
Figure-toi Pyrrhus, les yeux étincelants,
1000 Entrant à la lueur de nos palais brûlants,
Sur tous mes frères morts se faisant un passage,
Et de sang tout couvert échauffant le carnage.
Songe aux cris des vainqueurs, songe aux cris des mourants,
Dans la flamme étouffés, sous le fer[1] expirants.
1005 Peins-toi dans ces horreurs Andromaque éperdue :
Voilà comme Pyrrhus vint s'offrir à ma vue ;
Voilà par quels exploits il sut se couronner ;
Enfin voilà l'époux que tu me veux donner.
Non, je ne serai point complice de ses crimes ;
1010 Qu'il nous prenne, s'il veut, pour dernières victimes.
Tous mes ressentiments lui seraient asservis[2].

CÉPHISE

Hé bien ! allons donc voir expirer votre fils :
On n'attend plus que vous… Vous frémissez, Madame ?

ANDROMAQUE

Ah ! de quel souvenir viens-tu frapper mon âme !
1015 Quoi ! Céphise, j'irai voir expirer encor
Ce fils, ma seule joie, et l'image d'Hector ?
Ce fils, que de sa flamme il me laissa pour gage ?
Hélas ! je m'en souviens, le jour que[3] son courage
Lui fit chercher Achille, ou plutôt le trépas,
1020 Il demanda son fils et le prit dans ses bras :
« Chère épouse, dit-il en essuyant mes larmes,
J'ignore quel succès le sort garde à mes armes ;
Je te laisse mon fils pour gage de ma foi :
S'il me perd, je prétends qu'il me retrouve en toi.
1025 Si d'un heureux hymen la mémoire t'est chère,
Montre au fils à quel point tu chérissais le père. »

---

1. **Fer** : épée (même signification au v. 1034). Voir p. 198.
2. Il faudrait que j'étouffe tous mes motifs de haine.
3. **Que** : où ; le tour est correct au XVIIe siècle.

Et je puis voir répandre un sang si précieux ?
Et je laisse avec lui périr tous ses aïeux ?
Roi barbare, faut-il que mon crime l'entraîne ?
1030 Si je te hais, est-il coupable de ma haine ?
T'a-t-il de tous les siens reproché le trépas ?
S'est-il plaint à tes yeux des maux qu'il ne sent pas ?
Mais cependant, mon fils, tu meurs si je n'arrête
Le fer que le cruel tient levé sur ta tête.
1035 Je l'en puis détourner, et je t'y vais offrir ?
Non, tu ne mourras point : je ne le puis souffrir.
Allons trouver Pyrrhus. Mais non, chère Céphise,
Va le trouver pour moi.

CÉPHISE

Que faut-il que je dise ?

ANDROMAQUE

Dis-lui que de mon fils l'amour est assez fort…
1040 Crois-tu que dans son cœur il ait juré sa mort ?
L'amour peut-il si loin pousser sa barbarie ?

CÉPHISE

Madame, il va bientôt revenir en furie.

ANDROMAQUE

Hé bien ! va l'assurer…

CÉPHISE

De quoi ? de votre foi ?

ANDROMAQUE

Hélas ! pour la promettre est-elle encore à moi ?
1045 Ô cendres d'un époux ! ô Troyens ! ô mon père !
Ô mon fils, que tes jours coûtent cher à ta mère !
Allons.

CÉPHISE

Où donc, Madame ? et que résolvez-vous ?

ANDROMAQUE

Allons sur son tombeau consulter mon époux.

■ SITUER

Mise en demeure par Pyrrhus de décider rapidement de son sort, Andromaque revit son douloureux passé. Va-t-elle échapper à son *dilemme** ?

■ RÉFLÉCHIR

QUI PARLE ? QUI VOIT ? une vision hallucinée (v. 992 à 1008)

1. Relevez les impératifs et les présentatifs, puis expliquez l'effet qu'ils produisent. Quel autre mode verbal est surtout employé ? Quel point de vue donne-t-il sur les actions exprimées par les verbes ?

2. Étudiez le champ lexical de l'horreur : en quoi consiste sa force expressive ? Qu'y a-t-il là de tragique ?

3. Relevez plusieurs *anaphores** dans les propos d'Andromaque. Quelle est leur fonction ?

PERSONNAGES : l'épouse et la mère

4. Récrivez le passage des vers 1021 à 1026 au style indirect, puis comparez les deux versions : que vous suggèrent les différences observées ? Quel rôle joue Astyanax entre Andromaque et Hector ?

5. Quelle est la valeur des exclamations et des interrogations d'Andromaque dans les vers 1014-1038 ?

6. Relevez les apostrophes* dans les vers 1027 à 1047 : à qui s'adressent-elles ? Que révèlent-elles de l'état d'esprit d'Andromaque ?

GENRES : tragédie et épopée*

7. Comparez le récit d'Andromaque avec l'extrait de l'*Énéide* relatant les mêmes événements (voir p. 149). Comment Racine a-t-il exploité le texte antique ?

8. Comparez le discours d'Hector dans les vers 1021 à 1026 avec celui qu'il prononçait dans l'*Iliade* (voir p. 147). Quel choix a fait Racine ? Quel est l'effet obtenu ?

STRATÉGIES : le rôle de Céphise

9. Quelles figures de style Céphise utilise-t-elle pour évoquer Pyrrhus dans les vers 987-991 ? Quelle est son intention ?

10. La détermination de Céphise aux vers 1012 et 1013 est-elle sincère ? Que cherche-t-elle à provoquer chez Andromaque ?

11. Quelle est l'utilité *dramatique** des questions de Céphise à partir du vers 1038 ?

■ ÉCRIRE

12. En une quinzaine de lignes, rédigez le monologue d'Andromaque venue consulter Hector sur son tombeau.

DRAMATURGIE : au cœur du drame

L'acte III est au centre de la pièce ; il constitue le moment crucial où se concentrent les éléments de la catastrophe finale. À la fin de cet acte, le spectateur attend des prises de décision capitales pour la suite de l'intrigue.

1. Quels événements intervenus dans cet acte peuvent mener à un dénouement sanglant ?

2. Quels éléments Racine a-t-il multipliés pour provoquer le suspense ? Peut-on deviner la décision qu'Andromaque prendra ? Pourquoi ?

PERSONNAGES : la fuite en avant

Confidences et entrevues se succèdent sans apporter d'aide aux héros obstinés…

3. Dans la scène 1 de l'acte III comme dans la scène 1 de l'acte I, Oreste se confie à Pylade en espérant ses conseils. Comparez ces deux scènes. Qu'apprend-on sur l'évolution de chaque personnage ? et sur l'évolution de leurs relations ?

4. Personnage clé de l'acte II, Oreste tend à s'effacer dans l'acte III : il n'est présent que dans deux scènes sur huit, et en début d'acte. Au profit de quel personnage est-il progressivement éliminé ? Est-ce normal ?

5. D'un reniement à l'autre, Pyrrhus se désavoue une nouvelle fois : dans les scènes 6 et 7, il revient à sa décision du premier acte. Ses sentiments sont-ils aussi variables que sa parole ? Quelle est la valeur des discours tenus en scène ?

6. Contrairement à leur maître obnubilé par une idée fixe, les confidents savent s'adapter aux circonstances avec réalisme. Faites le bilan de leur rôle dans l'acte III. Ont-ils une influence sur le déroulement de l'intrigue ? En quoi diffèrent-ils les uns des autres ?

THÈMES : le poids du passé

Le souvenir obsédant du sac de Troie parcourt la pièce depuis l'acte I.

7. Quels personnages l'ont évoqué ? Dans quel contexte ? Quel rôle ce souvenir joue-t-il selon la situation ?

ACTE IV

SCÈNE PREMIÈRE. ANDROMAQUE, CÉPHISE.

CÉPHISE

Ah ! je n'en doute point ; c'est votre époux, Madame,
1050 C'est Hector qui produit ce miracle en votre âme.
Il veut que Troie encor se puisse relever
Avec cet heureux[1] fils qu'il vous fait conserver
Pyrrhus vous l'a promis. Vous venez de l'entendre,
Madame : il n'attendait qu'un mot pour vous le rendre.
1055 Croyez-en ses transports : père, sceptre, alliés,
Content de votre cœur, il met tout à vos pieds.
Sur lui, sur tout son peuple il vous rend souveraine.
Est-ce là ce vainqueur digne de tant de haine ?
Déjà contre les Grecs plein d'un noble courroux,
1060 Le soin de votre fils le touche autant que vous :
Il prévient[2] leur fureur, il lui laisse sa garde ;
Pour ne pas l'exposer, lui-même il se hasarde[3].
Mais tout s'apprête au temple, et vous avez promis.

ANDROMAQUE

Oui, je m'y trouverai. Mais allons voir mon fils.

CÉPHISE

1065 Madame, qui[4] vous presse ? Il suffit que sa vue
Désormais à vos yeux ne soit plus défendue.
Vous lui pourrez bientôt prodiguer vos bontés[5],
Et vos embrassements ne seront plus comptés.
Quel plaisir d'élever un enfant qu'on voit craître[6],
1070 Non plus comme un esclave élevé pour son maître,

---

1. **Heureux :** que la chance favorise.
2. **Prévient :** agit à l'avance contre.
3. **Il se hasarde :** il prend des risques.
4. **Qui :** qu'est-ce qui.
5. **Bontés :** marques de tendresse.
6. **Craître :** croître.

Rachel dans le rôle d'Hermione, dans *Andromaque*,
(Bibliothèque nationale de France, département des Arts du spectacle, Paris).

Mais pour voir avec lui renaître tant de rois !

ANDROMAQUE
Céphise, allons le voir pour la dernière fois.

CÉPHISE
Que dites-vous ? Ô dieux !

ANDROMAQUE
      Ô ma chère Céphise,
Ce n'est point avec toi que mon cœur se déguise.
1075   Ta foi[1], dans mon malheur, s'est montrée à mes yeux ;
Mais j'ai cru qu'à mon tour tu me connaissais mieux.
Quoi donc ? as-tu pensé qu'Andromaque infidèle
Pût trahir un époux qui croit revivre en elle ;
Et que de tant de morts réveillant la douleur,
1080   Le soin de mon repos me fît troubler le leur ?
Est-ce là cette ardeur tant promise à sa cendre ?
Mais son fils périssait[2] : il l'a fallu défendre.
Pyrrhus en m'épousant s'en déclare l'appui ;
Il suffit : je veux bien m'en reposer sur lui.
1085   Je sais quel[3] est Pyrrhus. Violent, mais sincère,
Céphise, il fera plus qu'il n'a promis de faire.
Sur le courroux des Grecs je m'en repose encor :
Leur haine va donner un père au fils d'Hector.
Je vais donc, puisqu'il faut que je me sacrifie,
1090   Assurer[4] à Pyrrhus le reste de ma vie ;
Je vais, en recevant sa foi sur les autels,
L'engager à mon fils par des nœuds immortels.
Mais aussitôt ma main, à moi seule funeste,
D'une infidèle vie abrégera le reste,
1095   Et sauvant ma vertu, rendra ce que je doi
À Pyrrhus, à mon fils, à mon époux, à moi.
Voilà de mon amour l'innocent stratagème ;

---

1. **Foi :** ici, fidélité. Voir p. 199.
2. **Périssait :** allait périr.
3. **Quel :** quel homme.
4. **Assurer :** engager définitivement.

Voilà ce qu'un époux m'a commandé lui-même.
J'irai seule rejoindre Hector et mes aïeux.
1100 Céphise, c'est à toi de me fermer les yeux.

CÉPHISE

Ah ! ne prétendez pas que je puisse survivre…

ANDROMAQUE

Non, non, je te défends, Céphise, de me suivre.
Je confie à tes soins mon unique trésor :
Si tu vivais pour moi, vis pour le fils d'Hector.
1105 De l'espoir des Troyens seule dépositaire,
Songe à combien de rois tu deviens nécessaire.
Veille auprès de Pyrrhus ; fais-lui garder sa foi :
S'il le faut, je consens qu'on lui parle de moi.
Fais-lui valoir l'hymen où je me suis rangée[1] ;
1110 Dis-lui qu'avant ma mort je lui fus engagée,
Que ses ressentiments doivent être effacés,
Qu'en lui laissant mon fils, c'est l'estimer assez.
Fais connaître à mon fils les héros de sa race ;
Autant que tu pourras, conduis-le sur leur trace.
1115 Dis-lui par quels exploits leurs noms ont éclaté,
Plutôt ce qu'ils ont fait que ce qu'ils ont été ;
Parle-lui tous les jours des vertus de son père,
Et quelquefois aussi parle-lui de sa mère.
Mais qu'il ne songe plus, Céphise, à nous venger :
1120 Nous lui laissons un maître, il le doit ménager.
Qu'il ait de ses aïeux un souvenir modeste :
Il est du sang d'Hector, mais il en est le reste ;
Et pour ce reste enfin, j'ai moi-même, en un jour,
Sacrifié mon sang, ma haine et mon amour.

CÉPHISE

1125 Hélas !

---

1. **Où je me suis rangée :** auquel j'ai consenti.

SITUER

En plein désarroi, Andromaque est partie se recueillir sur le tombeau d'Hector. Y trouvera-t-elle la force de se décider ?

RÉFLÉCHIR

DRAMATURGIE : quiproquo* et coup de théâtre

1. Combien de temps s'est écoulé entre les vers 1048 et 1049 ? Pourquoi pourrait-on qualifier le discours de Céphise de « tirade d'exposition » ? Que s'est-il passé depuis la fin de l'acte III ?

2. Relevez les marques de l'enthousiasme de Céphise dans les vers 1049 à 1063 et 1065 à 1071 (rythmes, syntaxe, vocabulaire…).

3. Comment et pourquoi le malentendu persiste-t-il jusqu'au vers 1073 ?

4. Observez le nombre de vers attribués successivement à chaque personnage. Que remarquez-vous ? Comment l'expliquez-vous ?

5. Comment s'expriment la surprise et le chagrin de Céphise à partir du vers 1073 ?

STRATÉGIES : un scénario prémédité (v. 1073-1100)

6. À quels devoirs Andromaque fait-elle respectivement allusion dans le vers 1096 ? Que penser de l'ordre choisi ?

7. Relevez les expressions désignant Hector et Astyanax dans cette même tirade. Que remarquez-vous ? Qu'en concluez-vous ?

8. Pourquoi l'expression « innocent stratagème » (v. 1097) est-elle un *oxymore** ? Cette alliance de mots vous paraît-elle appropriée au projet d'Andromaque ? Justifiez votre réponse.

9. Sur quels traits de caractère de Pyrrhus Andromaque fonde-t-elle sa confiance ? Recherchez dans les actes précédents des phrases de Pyrrhus qui peuvent justifier celle-ci.

REGISTRES ET TONALITÉS : le testament d'Andromaque

10. Pourquoi l'expression *dicter ses dernières volontés* s'applique-t-elle bien à la tirade des vers 1102 à 1124 ? Quels vers vous paraissent pathétiques ? Pourquoi ?

11. Bien qu'elle ait décidé de mourir, Andromaque souhaite-t-elle disparaître complètement ? Justifiez votre réponse.

ÉCRIRE

12. En vous appuyant sur la première tirade de Céphise (v.1049-1063) et sur vos réponses à la question 1, imaginez l'entrevue de Pyrrhus et d'Andromaque qui s'est déroulée hors scène.

ANDROMAQUE

Ne me suis point, si ton cœur en alarmes
Prévoit qu'il ne pourra commander à tes larmes.
On vient. Cache tes pleurs, Céphise, et souviens-toi
Que le sort d'Andromaque est commis[1] à ta foi.
C'est Hermione. Allons, fuyons sa violence.

SCÈNE 2. HERMIONE, CLÉONE.

CLÉONE

1130 Non, je ne puis assez admirer[2] ce silence.
Vous vous taisez, Madame, et ce cruel mépris
N'a pas du moindre trouble agité vos esprits ?
Vous soutenez[3] en paix une si rude attaque,
Vous qu'on voyait frémir au seul nom d'Andromaque ?
1135 Vous qui sans désespoir ne pouviez endurer
Que Pyrrhus d'un regard la voulût honorer ?
Il l'épouse ; il lui donne, avec son diadème,
La foi que vous venez de recevoir vous-même,
Et votre bouche encor, muette à tant d'ennui,
1140 N'a pas daigné s'ouvrir pour se plaindre de lui ?
Ah ! que je crains, Madame, un calme si funeste !
Et qu'il vaudrait bien mieux…

HERMIONE

Fais-tu venir Oreste ?

CLÉONE

Il vient, Madame, il vient ; et vous pouvez juger
Que bientôt à vos pieds il allait se ranger.
1145 Prêt à servir toujours sans espoir de salaire[4],
Vos yeux ne sont que trop assurés de lui plaire.
Mais il entre.

---

1. **Commis :** confié.
2. **Admirer :** m'étonner de.
3. **Soutenez :** supportez.
4. **Salaire :** récompense.

SCÈNE 3. ORESTE, HERMIONE, CLÉONE.

ORESTE

Ah ! Madame, est-il vrai qu'une fois[1]
Oreste en vous cherchant obéisse à vos lois ?
Ne m'a-t-on point flatté d'une fausse espérance ?
1150 Avez-vous en effet[2] souhaité ma présence ?
Croirai-je que vos yeux, à la fin désarmés,
Veulent…

HERMIONE

Je veux savoir, Seigneur, si vous m'aimez.

ORESTE

Si je vous aime ? Ô dieux ! Mes serments, mes parjures,
Ma fuite, mon retour, mes respects, mes injures,
1155 Mon désespoir, mes yeux de pleurs toujours noyés,
Quels témoins croirez-vous, si vous ne les croyez ?

HERMIONE

Vengez-moi, je crois tout.

ORESTE

Hé bien ! allons, Madame :
Mettons encore un coup toute la Grèce en flamme ;
Prenons, en signalant[3] mon bras et votre nom,
1160 Vous, la place d'Hélène, et moi, d'Agamemnon.
De Troie en ce pays réveillons les misères,
Et qu'on parle de nous ainsi que de nos pères.
Partons, je suis tout prêt.

HERMIONE

Non, Seigneur, demeurons :
Je ne veux pas si loin porter de tels affronts.
1165 Quoi ! de mes ennemis couronnant l'insolence,
J'irais attendre ailleurs une lente vengeance,
Et je m'en remettrais au destin des combats,

1. **Une fois :** pour une fois.
2. **En effet :** réellement.
3. **En signalant :** en rendant célèbres.

Qui peut-être à la fin ne me vengerait pas ?
Je veux qu'à mon départ toute l'Épire pleure.
1170 Mais si vous me vengez, vengez-moi dans une heure.
Tous vos retardements sont pour moi des refus.
Courez au temple. Il faut immoler…

ORESTE

Qui ?

HERMIONE

Pyrrhus.

ORESTE

Pyrrhus, Madame ?

HERMIONE

Hé quoi ! votre haine chancelle ?
Ah ! courez, et craignez que je ne vous rappelle.
1175 N'alléguez point des droits que je veux oublier ;
Et ce n'est pas à vous à le justifier.

ORESTE

Moi, je l'excuserais ? Ah ! vos bontés, Madame,
Ont gravé trop avant[1] ses crimes dans mon âme.
Vengeons-nous, j'y consens, mais par d'autres chemins.
1180 Soyons ses ennemis, et non ses assassins.
Faisons de sa ruine une juste conquête.
Quoi ! pour réponse aux Grecs porterai-je sa tête ?
Et n'ai-je pris sur moi le soin de tout l'État,
Que pour m'en acquitter par un assassinat ?
1185 Souffrez, au nom des dieux, que la Grèce s'explique,
Et qu'il meure chargé de la haine publique.
Souvenez-vous qu'il règne, et qu'un front couronné…

HERMIONE

Ne vous suffit-il pas que je l'ai condamné ?
Ne vous suffit-il pas que ma gloire offensée
1190 Demande une victime à moi seule adressée ;

----

1. **Trop avant :** trop profondément.

Qu'Hermione est le prix d'un tyran opprimé[1] ;
Que je le hais ; enfin, Seigneur, que je l'aimai ?
Je ne m'en cache point : l'ingrat m'avait su plaire,
Soit qu'ainsi l'ordonnât mon amour ou mon père,
1195 N'importe ; mais enfin réglez-vous là-dessus.
Malgré mes vœux, Seigneur, honteusement déçus,
Malgré la juste horreur que son crime me donne,
Tant qu'il vivra, craignez que je ne lui pardonne.
Doutez jusqu'à sa mort d'un courroux incertain :
1200 S'il ne meurt aujourd'hui, je puis l'aimer demain.

ORESTE

Hé bien ! Il faut le perdre, et prévenir sa grâce[2] ;
Il faut… Mais cependant que faut-il que je fasse ?
Comment puis-je sitôt servir votre courroux ?
Quel chemin jusqu'à lui peut conduire mes coups ?
1205 À peine suis-je encore arrivé dans l'Épire,
Vous voulez par mes mains renverser un empire ;
Vous voulez qu'un roi meure, et pour son châtiment
Vous ne donnez qu'un jour, qu'une heure, qu'un moment.
Aux yeux de tout son peuple, il faut que je l'opprime !
1210 Laissez-moi vers l'autel conduire ma victime,
Je ne m'en défends plus ; et je ne veux qu'aller
Reconnaître la place où je dois l'immoler.
Cette nuit je vous sers, cette nuit je l'attaque.

HERMIONE

Mais cependant, ce jour, il épouse Andromaque.
1215 Dans le temple déjà le trône est élevé ;
Ma honte est confirmée, et son crime achevé.
Enfin qu'attendez-vous ? Il vous offre sa tête :
Sans gardes, sans défense, il marche à cette fête ;
Autour du fils d'Hector il les fait tous ranger ;
1220 Il s'abandonne au bras qui me voudra venger.
Voulez-vous malgré lui prendre soin de sa vie ?
Armez, avec vos Grecs, tous ceux qui m'ont suivie ;

---

1. **D'un tyran opprimé :** de la suppression d'un tyran.
2. **Prévenir sa grâce :** agir avant que vous ne lui pardonniez.

Soulevez vos amis : tous les miens sont à vous.
Il me trahit, vous trompe, et nous méprise tous.
1225 Mais quoi ? déjà leur haine est égale à la mienne :
Elle épargne à regret l'époux d'une Troyenne.
Parlez : mon ennemi ne vous peut échapper,
Ou plutôt il ne faut que les laisser frapper.
Conduisez ou suivez une fureur si belle ;
1230 Revenez tout couvert du sang de l'infidèle ;
Allez : en cet état soyez sûr de mon cœur.

ORESTE

Mais, Madame, songez…

HERMIONE

Ah ! c'en est trop, Seigneur.
Tant de raisonnements offensent ma colère.
J'ai voulu vous donner les moyens de me plaire,
1235 Rendre Oreste content ; mais enfin je vois bien
Qu'il veut toujours se plaindre et ne mériter rien.
Partez : allez ailleurs vanter votre constance,
Et me laissez ici le soin de ma vengeance.
De mes lâches bontés mon courage est confus,
1240 Et c'est trop en un jour essuyer de refus.
Je m'en vais seule au temple où leur hymen s'apprête,
Où vous n'osez aller mériter ma conquête.
Là, de mon ennemi je saurai m'approcher :
Je percerai le cœur que je n'ai pu toucher ;
1245 Et mes sanglantes mains, sur moi-même tournées,
Aussitôt, malgré lui, joindront nos destinées ;
Et, tout ingrat qu'il est, il me sera plus doux
De mourir avec lui que de vivre avec vous.

ORESTE

Non, je vous priverai de ce plaisir funeste,
1250 Madame : il ne mourra que de la main d'Oreste.
Vos ennemis par moi vont vous être immolés,
Et vous reconnaîtrez mes soins[1], si vous voulez.

---

1. **Vous reconnaîtrez mes soins** : vous me prouverez votre reconnaissance.

▪ SITUER

Pyrrhus épouse Andromaque : leur mariage est imminent. Le silence d'Hermione devant ce nouveau parjure, inquiète Cléone.

▪ RÉFLÉCHIR

REGISTRES ET TONALITÉS : « un calme si funeste » (scène 2)
1. Relevez les termes appartenant au champ lexical du silence dans les vers 1130 à 1142, puis comparez cette réplique de Cléone avec le vers 834. Pourquoi Cléone redoute-t-elle toujours le silence ? En quoi celui-ci a-t-il une valeur dramatique ?

2. Observez la place, la longueur et l'enchaînement de la réplique d'Hermione au vers 1142. Quelles anomalies remarquez-vous ?

3. Quelle est la valeur du présent de l'indicatif dans le vers 1137 ? Que souhaite Cléone en l'employant ? Est-ce efficace ?

STRATÉGIES : insuffler la vengeance (scène 3)
4. Comment Hermione s'y prend-elle pour annoncer à Oreste son projet de vengeance ? Les points de suspension des vers 1152 et 1172 ont-ils la même valeur ? Comment Racine crée-t-il le suspense avec le vers 1172 ?

5. Faites la liste des arguments d'Hermione et des objections d'Oreste. Lesquels concernent l'amour ? l'orgueil ? la politique ?

6. Quels arguments d'Hermione vous paraissent véritablement sincères et pourquoi ?

7. Relevez les indices de l'hésitation d'Oreste dans les vers 1201 à 1213. À quoi voit-on au contraire sa détermination ?

8. Relevez dans les répliques d'Hermione toutes les marques de l'autorité et de la sécheresse. Que constatez-vous ?

THÈMES : les incertitudes de la passion
9. Pourquoi Oreste doit-il craindre d'être rappelé (v. 1174) ? Quels vers justifient plus la suite cette menace ?

10. À quel « *état* » Hermione fait-elle allusion (v. 1231) ? Qu'y a-t-il de douteux dans sa promesse ? Quel vers la dément presque aussitôt ? Quels éléments de l'image de la page 102 vous paraissent illustrer la menace proférée par Hermione dans la scène 3 ?

11. Oreste croit-il encore à la fin de la scène 3 que son crime lui gagnera l'amour d'Hermione ? Pourquoi se soumet-il néanmoins ?

▪ DIRE

12. Dans le cadre d'une étude sur le rôle de la règle des trois unités, vous direz comment, d'après cette scène, Racine fait de la contrainte du temps un élément constitutif du tragique.

HERMIONE

Allez. De votre sort laissez-moi la conduite,
Et que tous vos vaisseaux soient prêts pour notre fuite.

SCÈNE 4. HERMIONE, CLÉONE.

CLÉONE

1255 Vous vous perdez, Madame ; et vous devez songer…

HERMIONE

Que je me perde ou non, je songe à me venger.
Je ne sais même encor, quoi qu'il m'ait pu promettre,
Sur d'autres que sur moi si je dois m'en remettre[1].
Pyrrhus n'est pas coupable à ses yeux comme aux miens,
1260 Et je tiendrais[2] mes coups bien plus sûrs que les siens.
Quel plaisir de venger moi-même mon injure,
De retirer mon bras teint du sang du parjure,
Et pour rendre sa peine et mes plaisirs plus grands,
De cacher ma rivale à ses regards mourants !
1265 Ah ! si du moins Oreste, en punissant son crime,
Lui laissait le regret de mourir ma victime !
Va le trouver : dis-lui qu'il apprenne à l'ingrat
Qu'on l'immole à ma haine, et non pas à l'État.
Chère Cléone, cours. Ma vengeance est perdue
1270 S'il ignore en mourant que c'est moi qui le tue.

CLÉONE

Je vous obéirai. Mais qu'est-ce que je voi[3] ?
Ô dieux ! qui l'aurait cru, Madame ? C'est le roi !

HERMIONE

Ah ! cours après Oreste ; et dis-lui, ma Cléone,
Qu'il n'entreprenne rien sans revoir Hermione.

---

1. Si je dois faire confiance à d'autres personnes que moi-même.
2. **Tiendrais :** estimerais.
3. **Voi :** voir p. 75 note 3.

SITUER

Hermione, ivre de jalousie, vient de persuader Oreste, au terme d'un long affrontement, de tuer Pyrrhus. Cléone épouvantée esquisse une protestation.

RÉFLÉCHIR

STRUCTURE : quand Hermione revient à elle

1. Comparez les v. 1255 et 1256 : que constatez-vous ? Qu'en déduisez-vous ?

2. Comparez les scènes 2 et 4 de l'acte IV : leur place, leur longueur, les propos échangés… Quelles remarques faites-vous ?

DRAMATURGIE : la palinodie d'Hermione

3. Recherchez le sens du mot *palinodie**, puis appliquez ces connaissances au personnage d'Hermione dans la scène 4. Dans quelles pièces trouve-t-on habituellement ce procédé ? Quel effet produit-il ici ?

4. De quel surcroît de cruauté Hermione fait-elle preuve dans les v. 1261 à 1270 ? Relevez les éléments de lyrisme dans l'expression de sa haine. Quel est l'intérêt de ce mode d'expression pour la connaissance d'Hermione ? Et pour la suite de la pièce ?

SOCIÉTÉ : le sens d'un attentat

5. « Qu'on l'immole à ma haine et non pas à l'État », s'écrie Hermione en évoquant le meurtre de Pyrrhus (v. 1268). À quoi se trouve réduit ici le rôle de l'action politique ? de ses agents ? Quels exemples semblables pouvez-vous trouver dans cette tragédie ?

Scène 5. Pyrrhus, Hermione, Phœnix.

PYRRHUS

1275 Vous ne m'attendiez pas, Madame ; et je vois bien
Que mon abord[1] ici trouble votre entretien.
Je ne viens point, armé d'un indigne artifice,
D'un voile d'équité couvrir mon injustice ;
Il suffit que mon cœur me condamne tout bas ;
1280 Et je soutiendrais mal ce que je ne crois pas.
J'épouse une Troyenne. Oui, Madame, et j'avoue
Que je vous ai promis la foi que je lui voue.
Un autre vous dirait que dans les champs troyens
Nos deux pères sans nous formèrent ces liens,
1285 Et que sans consulter ni mon choix ni le vôtre,
Nous fûmes sans amour engagés l'un à l'autre ;
Mais c'est assez pour moi que je me sois soumis.
Par mes ambassadeurs mon cœur vous fut promis ;
Loin de les révoquer, je voulus y souscrire[2].
1290 Je vous vis avec eux arriver en Épire ;
Et quoique d'un autre œil l'éclat victorieux
Eût déjà prévenu le pouvoir de vos yeux,
Je ne m'arrêtai point à cette ardeur nouvelle :
Je voulus m'obstiner à vous être fidèle,
1295 Je vous reçus en reine ; et jusques à ce jour
J'ai cru que mes serments me tiendraient lieu d'amour.
Mais cet amour l'emporte ; et par un coup funeste,
Andromaque m'arrache un cœur qu'elle déteste.
L'un par l'autre entraînés, nous courons à l'autel
1300 Nous jurer malgré nous un amour immortel.
Après cela, Madame, éclatez[3] contre un traître,
Qui l'est avec douleur, et qui pourtant veut l'être.
Pour moi, loin de contraindre un si juste courroux,
Il me soulagera peut-être autant que vous.
1305 Donnez-moi tous les noms destinés aux parjures :
Je crains votre silence, et non pas vos injures ;

---

1. **Abord :** arrivée.
2. **Y souscrire :** m'y conformer.
3. **Éclatez :** explosez de colère.

Et mon cœur, soulevant mille secrets témoins[1],
M'en dira d'autant plus que vous m'en direz moins.

HERMIONE

Seigneur, dans cet aveu dépouillé d'artifice,
1310 J'aime à voir que du moins vous vous rendiez justice,
Et que voulant bien[2] rompre un nœud si solennel,
Vous vous abandonniez au crime en criminel.
Est-il juste, après tout, qu'un conquérant s'abaisse
Sous la servile loi de garder sa promesse ?
1315 Non, non, la perfidie a de quoi vous tenter,
Et vous ne me cherchez que pour vous en vanter.
Quoi ! sans que ni serment ni devoir vous retienne,
Rechercher une Grecque, amant d'une Troyenne[3] ?
Me quitter, me reprendre, et retourner encor
1320 De la fille d'Hélène à la veuve d'Hector,
Couronner tour à tour l'esclave et la princesse,
Immoler Troie aux Grecs, au fils d'Hector la Grèce ?
Tout cela part d'un cœur toujours maître de soi,
D'un héros qui n'est point esclave de sa foi.
1325 Pour plaire à votre épouse, il vous faudrait peut-être
Prodiguer les doux noms de parjure et de traître.
Vous veniez de mon front observer la pâleur,
Pour aller dans ses bras rire de ma douleur.
Pleurante après son char vous voulez qu'on me voie ;
1330 Mais, Seigneur, en un jour ce serait trop de joie ;
Et sans chercher ailleurs des titres empruntés,
Ne vous suffit-il pas de ceux que vous portez ?
Du vieux père d'Hector la valeur abattue
Aux pieds de sa famille expirante à sa vue,
1335 Tandis que dans son sein votre bras enfoncé
Cherche un reste de sang que l'âge avait glacé ;
Dans des ruisseaux de sang Troie ardente plongée ;
De votre propre main Polyxène[4] égorgée

---

1. **Témoins** : preuves.
2. **Voulant bien** : décidé à.
3. **Amant d'une Troyenne** : alors que vous êtes l'amant d'une Troyenne.
4 **Polyxène** : voir p. 200.

Aux yeux de tous les Grecs indignés contre vous :
1340 Que peut-on refuser à ces généreux coups ?

PYRRHUS

Madame, je sais trop à quel excès de rage
La vengeance d'Hélène emporta mon courage.
Je puis me plaindre à vous[1] du sang que j'ai versé ;
Mais enfin je consens d'oublier le passé.
1345 Je rends grâces au ciel que votre indifférence
De mes heureux soupirs m'apprenne l'innocence.
Mon cœur, je le vois bien, trop prompt à se gêner[2],
Devait[3] mieux vous connaître et mieux s'examiner.
Mes remords vous faisaient une injure mortelle ;
1350 Il faut se croire aimé pour se croire infidèle.
Vous ne prétendiez point m'arrêter dans vos fers :
Je crains de vous trahir, peut-être je vous sers.
Nos cœurs n'étaient point faits dépendants l'un de l'autre ;
Je suivais mon devoir, et vous cédiez au vôtre.
1355 Rien ne vous engageait à m'aimer en effet[4].

HERMIONE

Je ne t'ai point aimé, cruel ? Qu'ai-je donc fait ?
J'ai dédaigné pour toi les vœux de tous nos princes,
Je t'ai cherché moi-même au fond de tes provinces ;
J'y suis encor, malgré tes infidélités,
1360 Et malgré tous mes Grecs honteux de mes bontés.
Je leur ai commandé de cacher mon injure[5] ;
J'attendais en secret le retour d'un parjure ;
J'ai cru que tôt ou tard, à ton devoir rendu,
Tu me rapporterais un cœur qui m'était dû.
1365 Je t'aimais inconstant ; qu'aurais-je fait fidèle[6] ?

---

1. **Je puis me plaindre à vous :** Pyrrhus fait partager à Hermione, fille d'Hélène, la responsabilité de celle-ci dans la guerre de Troie. Voir p. 199.
2. **Se gêner :** se torturer.
3. **Devait :** aurait dû.
4. **En effet :** réellement.
5. **Mon injure :** l'affront que je subis.
6. **Vers 1365 :** phrase elliptique ; il faut comprendre : « Je t'aimais alors que tu étais inconstant, qu'aurais-je fait si tu avais été fidèle ? »

Et même en ce moment où ta bouche cruelle
Vient si tranquillement m'annoncer le trépas,
Ingrat, je doute encor si je ne t'aime pas.
Mais, Seigneur, s'il le faut, si le ciel en colère
1370 Réserve à d'autres yeux la gloire de vous plaire,
Achevez votre hymen[1], j'y consens. Mais du moins
Ne forcez pas mes yeux d'en être les témoins.
Pour la dernière fois je vous parle peut-être :
Différez-le d'un jour ; demain, vous serez maître.
1375 Vous ne répondez point ? Perfide, je le voi,
Tu comptes les moments que tu perds avec moi !
Ton cœur, impatient de revoir ta Troyenne,
Ne souffre qu'à regret qu'un autre t'entretienne.
Tu lui parles du cœur, tu la cherches des yeux.
1380 Je ne te retiens plus, sauve-toi de ces lieux :
Va lui jurer la foi que tu m'avais jurée,
Va profaner des dieux la majesté sacrée.
Ces dieux, ces justes dieux n'auront pas oublié
Que les mêmes serments avec moi t'ont lié.
1385 Porte au pied des autels ce cœur qui m'abandonne,
Va, cours. Mais crains encor d'y trouver Hermione.

SCÈNE 6. PYRRHUS, PHŒNIX.

PHŒNIX

Seigneur, vous entendez. Gardez de négliger[2]
Une amante en fureur qui cherche à se venger.
Elle n'est en ces lieux que trop bien appuyée :
1390 La querelle[3] des Grecs à la sienne est liée ;
Oreste l'aime encore ; et peut-être à ce prix...

PYRRHUS

Andromaque m'attend. Phœnix, garde son fils.

---

1. **Achevez votre hymen :** concluez votre mariage.
2. **Gardez de négliger :** ne négligez pas.
3. **La querelle :** la cause.

■ SITUER

Coup de théâtre ! Hermione est interrompue dans son délire meurtrier par
l'arrivée inopinée de Pyrrhus. Viendrait-il faire amende honorable ?

■ RÉFLÉCHIR

STRATÉGIES : Pyrrhus, les cruautés de l'indifférence

1. Pyrrhus prend le parti de la sincérité. Comment le souligne-t-il ? En face
d'Hermione ce procédé est-il habile ? Pourquoi ?

2. Relevez plusieurs antithèses dans le discours de Pyrrhus (v. 1275 à
1308) : quel état d'esprit visent-elles à souligner ?

3. Quels sont les deux arguments invoqués par Pyrrhus pour se justifier ?
Sur qui rejette-t-il la responsabilité de ses actes, finalement ?

4. Vérifiez le sens des termes *naïveté* et *cynisme* : lequel vous paraît caractériser la réplique de Pyrrhus (v. 1341 à 1355) ? Pourquoi ?

PERSONNAGES : Hermione, au désespoir

5. Dans sa première tirade, par quels procédés Hermione reproche-t-elle à
Pyrrhus son instabilité (v. 1317-1322) ? Quelle est ainsi la valeur du *chiasme**
dans le vers 1322 ?

6. Cherchez dans la même tirade les procédés de l'ironie, notamment
l'*antiphrase**. Quelle image de Pyrrhus Hermione renvoie-t-elle à celui-ci ?
Quel est son but ?

7. Observez les deux façons (emploi des pronoms et des apostrophes) dont
Hermione s'adresse à Pyrrhus dans les vers 1356 à 1386 : quels revirements
indiquent-elles ? Quel sentiment domine dans chaque partie ? Qu'y a-t-il de
nouveau dans cette deuxième tirade ?

8. Relevez tous les emplois du pronom « *je* » dans cette même tirade et
observez sa place la plus fréquente. Comment appelle-t-on cette figure de
style ? Quel est l'effet obtenu ?

REGISTRES ET TONALITÉS : la menace tragique

9. Quelles sont les deux grandes valeurs sacrées dans l'Antiquité invoquées
en désespoir de cause par Hermione dans les vers 1381 à 1385 ?

10. Quelles sont les deux menaces contenues dans la fin de la tirade ? Que
pensez-vous de l'ordre de leur présentation ?

11. Qu'est-ce qui, dans les propos de Phœnix et de Pyrrhus, à la scène 6,
entretient le suspense pour le spectateur ?

■ ÉCRIRE

12. Imaginez une suite à la scène 6 sous la forme d'un monologue d'une
quinzaine de lignes où Phœnix exprimerait son mécontentement et ses craintes.

DRAMATURGIE : l'imminence de la catastrophe
La machine infernale mise en route nous rapproche, à l'acte IV, du dénouement ; la mort est de plus en plus souvent évoquée, par des projets ou des menaces. La solitude des héros tragiques s'aggrave, le suspense change de nature.
1. Quelles morts vous paraissent inéluctables ? Pourquoi ?
2. Comparez le rôle imparti aux confidents dans l'acte IV à celui qu'ils jouaient dans les actes précédents : pourquoi sont-ils progressivement mis à l'écart ?
3. Les actes précédents s'achevaient sur l'attente d'une prise de décision. À la fin de l'acte IV, tous les choix sont faits. Où réside alors le suspense ?

GENRES : l'acte du paroxysme
L'acte IV est considéré comme « l'acte du paroxysme » dans la tragédie classique.
4. Pourquoi la tension atteint-elle son point culminant dans cet acte ?
5. Quel rôle joue le silence des personnages dans la montée de l'intensité tragique ?

PERSONNAGES : l'acceptation du destin ?
Les illusions ont pris fin : contrairement aux actes précédents, au IVᵉ acte, certains personnages sont devenus lucides.
6. Hermione est présente dans les scènes 2 à 5 sans interruption. Quelle évolution du personnage cette présence constante permet-elle d'observer ?
7. Qui a renoncé à ses illusions ? À quoi le percevez-vous ? Cette lucidité empêche-t-elle de se précipiter vers le malheur ? Qu'en déduisez-vous ?
8. Andromaque, Oreste et Pyrrhus ont cessé de lutter contre leur destin. Comment admettent-ils leur « défaite » ? Quel regard jettent-ils désormais sur eux-mêmes ?
9. En quoi cependant, et malgré tout, Andromaque manifeste-t-elle sa liberté ?

ÉCRIRE

10. Rédigez, en un paragraphe chacun, les scénarios qui vous semblent possibles pour le dernier acte et le dénouement de la pièce.

DIRE

11. Dans *Andromaque*, « la parole […] renvoie chacun à une hérédité héroïque dont il doit assumer l'excès d'honneur jusque dans l'indignité » (A. Collognat-Barès). Vous direz quels personnages se réfèrent à leurs illustres parents au cours de cet acte, et comment ils se déterminent par rapport à cet héritage écrasant.

ACTE V

SCÈNE PREMIÈRE. HERMIONE.

Où suis-je ? Qu'ai-je fait ? Que dois-je faire encore ?
Quel transport me saisit ? Quel chagrin me dévore ?
1395 Errante, et sans dessein, je cours dans ce palais.
Ah ! ne puis-je savoir si j'aime ou si je hais ?
Le cruel ! de quel œil il m'a congédiée !
Sans pitié, sans douleur au moins étudiée[1] !
L'ai-je vu se troubler et me plaindre un moment ?
1400 En ai-je pu tirer un seul gémissement ?
Muet à mes soupirs, tranquille à mes alarmes,
Semblait-il seulement qu'il eût part à mes larmes ?
Et je le plains encore ! Et pour comble d'ennui,
Mon cœur, mon lâche cœur s'intéresse pour lui[2] !
1405 Je tremble au seul penser du coup qui le menace,
Et, prête à me venger, je lui fais déjà grâce.
Non, ne révoquons point l'arrêt[3] de mon courroux :
Qu'il périsse ! aussi bien il ne vit plus pour nous.
Le perfide triomphe et se rit de ma rage :
1410 Il pense voir en pleurs dissiper[4] cet orage ;
Il croit que toujours faible et d'un cœur incertain,
Je parerai d'un bras les coups de l'autre main.
Il juge encor de moi par mes bontés passées.
Mais plutôt le perfide a bien d'autres pensées.
1415 Triomphant dans le temple, il ne s'informe pas
Si l'on souhaite ailleurs sa vie ou son trépas.
Il me laisse, l'ingrat ! cet embarras funeste.
Non, non, encore un coup[5] : laissons agir Oreste.

---

1. **Étudiée :** feinte, simulée.
2. **S'intéresse pour lui :** lui porte de l'intérêt.
3. **Arrêt :** décision.
4. **Dissiper :** se dissiper.
5. **Encore un coup :** encore une fois.

Qu'il meure, puisqu'enfin il a dû[1] le prévoir,
1420 Et puisqu'il m'a forcée enfin à le vouloir.
À le vouloir ? Hé quoi ? c'est donc moi qui l'ordonne ?
Sa mort sera l'effet de l'amour d'Hermione ?
Ce prince, dont mon cœur se faisait autrefois
Avec tant de plaisir redire les exploits,
1425 À qui même en secret je m'étais destinée
Avant qu'on eût conclu ce fatal hyménée,
Je n'ai donc traversé tant de mers, tant d'États,
Que pour venir si loin préparer son trépas,
L'assassiner, le perdre ? Ah ! devant[2] qu'il expire…

SCÈNE 2.   HERMIONE, CLÉONE.

HERMIONE

1430 Ah ! qu'ai-je fait, Cléone ? et que viens-tu me dire ?
Que fait Pyrrhus ?

CLÉONE

        Il est au comble de ses vœux,
Le plus fier des mortels et le plus amoureux.
Je l'ai vu vers le temple, où son hymen s'apprête,
Mener en conquérant sa nouvelle conquête ;
1435 Et d'un œil où brillaient sa joie et son espoir,
S'enivrer en marchant du plaisir de la voir.
Andromaque, au travers de mille cris de joie,
Porte jusqu'aux autels le souvenir de Troie :
Incapable toujours d'aimer et de haïr,
1440 Sans joie et sans murmure elle semble obéir.

HERMIONE

Et l'ingrat ? Jusqu'au bout il a poussé l'outrage ?
Mais as-tu bien, Cléone, observé son visage ?
Goûte-t-il des plaisirs tranquilles et parfaits ?

---

1. **A dû :** aurait dû.
2. **Devant que :** avant que.

N'a-t-il point détourné ses yeux vers le palais ?
1445 Dis-moi, ne t'es-tu point présentée à sa vue ?
L'ingrat a-t-il rougi lorsqu'il t'a reconnue ?
Son trouble avouait-il son infidélité ?
A-t-il jusqu'à la fin soutenu[1] sa fierté ?

CLÉONE

Madame, il ne voit rien : son salut et sa gloire
1450 Semblent être avec vous sortis de sa mémoire.
Sans songer qui le suit, ennemis ou sujets,
Il poursuit seulement ses amoureux projets.
Autour du fils d'Hector il a rangé sa garde,
Et croit que c'est lui seul que le péril regarde.
1455 Phœnix même en répond, qui l'a conduit exprès
Dans un fort éloigné du temple et du palais.
Voilà, dans ses transports, le seul soin qui lui reste.

HERMIONE

Le perfide ! Il mourra. Mais que t'a dit Oreste ?

CLÉONE

Oreste avec ses Grecs dans le temple est entré.

HERMIONE

1460 Hé bien ! à me venger n'est-il pas préparé ?

CLÉONE

Je ne sais.

HERMIONE

Tu ne sais ? Quoi donc ? Oreste encore,
Oreste me trahit ?

CLÉONE

Oreste vous adore.
Mais de mille remords son esprit combattu
Croit tantôt son amour et tantôt sa vertu.
1465 Il respecte en Pyrrhus l'honneur du diadème ;

---

1. **Soutenu :** persisté dans.

Il respecte en Pyrrhus Achille et Pyrrhus même ;
Il craint la Grèce, il craint l'univers en courroux,
Mais il se craint, dit-il, soi-même plus que tous.
Il voudrait en vainqueur vous apporter sa tête :
1470 Le seul nom d'assassin l'épouvante et l'arrête.
Enfin il est entré, sans savoir dans son cœur
S'il en devait sortir coupable ou spectateur.

HERMIONE

Non, non, il les[1] verra triompher sans obstacle ;
Il se gardera bien de troubler ce spectacle.
1475 Je sais de quels remords son courage est atteint :
Le lâche craint la mort, et c'est tout ce qu'il craint.
Quoi ! sans qu'elle employât une seule prière,
Ma mère en sa faveur arma la Grèce entière ?
Ses yeux pour leur querelle, en dix ans de combats,
1480 Virent périr vingt rois qu'ils ne connaissaient pas ?
Et moi, je ne prétends[2] que la mort d'un parjure,
Et je charge un amant du soin de mon injure ;
Il peut me conquérir à ce prix, sans danger ;
Je me livre moi-même et ne puis me venger ?
1485 Allons : c'est à moi seule à me rendre justice.
Que de cris de douleur le temple retentisse ;
De leur hymen fatal troublons l'événement[3],
Et qu'ils ne soient unis, s'il se peut, qu'un moment.
Je ne choisirai point dans ce désordre extrême :
1490 Tout me sera Pyrrhus, fût-ce Oreste lui-même.
Je mourrai ; mais au moins ma mort me vengera,
Je ne mourrai pas seule, et quelqu'un me suivra.

---

1. **Les** : Pyrrhus et Andromaque.
2. **Prétends** : réclame.
3. **Événement** : déroulement.

SITUER

Pyrrhus a signé son arrêt de mort en s'expliquant devant Hermione. Pourtant, celle-ci hésite encore lorsque survient Cléone.

RÉFLÉCHIR

DRAMATURGIE : le monologue et le suspense

1. Quel est le type de phrase employé le plus souvent par Hermione dans la scène 1 ? Quels changements de formes et de valeurs remarquez-vous entre le début et la fin de la scène ?

2. Relevez les antithèses du monologue d'Hermione. Que traduisent-elles ?

3. Observez et classez les différents termes par lesquels Hermione se désigne. Qu'en déduisez-vous des effets de la solitude sur le personnage de théâtre ?

4. Rapprochez ce monologue de la scène 3 de l'acte II. Quelles circonstances favorisent l'apparition de ce type de discours ?

5. Comment compléteriez-vous la phrase du vers 1429 ? Pourquoi Racine fait-il entrer Cléone à ce moment-là ?

6. Dans la scène 2, le suspense ménagé par Cléone est-il le même pour Hermione et pour le spectateur ? Justifiez votre réponse.

REGISTRES ET TONALITÉS : les fureurs d'Hermione

7. Sur l'ensemble des scènes 1 et 2, combien de fois Hermione change-t-elle d'avis ? Y a-t-il eu une évolution au terme de ce débat ? Justifiez votre réponse.

8. Faites le relevé des termes par lesquels Hermione désigne Pyrrhus dans les scènes 1 et 2. Quelle accusation dominante s'en dégage ? Quel changement remarquez-vous dans ces désignations ?

9. Recherchez l'étymologie du mot *fureur* : pourquoi s'applique-t-il bien à l'état d'Hermione dans les vers 1489 à 1492 ?

MISE EN SCÈNE : le rejet d'Oreste

10. Indiquez avec précision les changements de ton, les pauses, les soulignements de mots que vous adopteriez pour dire, à la fin de la scène 2, la dernière tirade d'Hermione.

ÉCRIRE

11. Rédigez le monologue intérieur de Pyrrhus tel que le suggère le récit de Cléone (v. 1431-1440, 1449-1457).

SCÈNE 3. ORESTE, HERMIONE, CLÉONE.

ORESTE

Madame, c'en est fait, et vous êtes servie :
Pyrrhus rend à l'autel son infidèle vie.

HERMIONE

1495 Il est mort ?

ORESTE

                    Il expire ; et nos Grecs irrités
Ont lavé dans son sang ses infidélités.
Je vous l'avais promis ; et quoique mon courage
Se fît de ce complot une funeste image,
J'ai couru vers le temple, où nos Grecs dispersés
1500 Se sont jusqu'à l'autel dans la foule glissés.
Pyrrhus m'a reconnu, mais sans changer de face,
Il semblait que ma vue excitât son audace,
Que tous les Grecs, bravés en leur ambassadeur,
Dussent de son hymen relever la splendeur.
1505 Enfin, avec transport prenant son diadème,
Sur le front d'Andromaque il l'a posé lui-même :
« Je vous donne, a-t-il dit, ma couronne et ma foi,
Andromaque ; régnez sur l'Épire et sur moi.
Je voue à votre fils une amitié[1] de père ;
1510 J'en atteste les dieux, je le jure à sa mère.
Pour tous mes ennemis je déclare les siens[2],
Et je le reconnais pour le roi des Troyens. »
À ces mots, qui du peuple attiraient le suffrage,
Nos Grecs n'ont répondu que par un cri de rage ;
1515 L'infidèle s'est vu partout envelopper[3],
Et je n'ai pu trouver de place pour frapper.
Chacun se disputait la gloire de l'abattre,
Je l'ai vu dans leurs mains quelque temps se débattre,

---

1. **Amitié :** affection.
2. Je déclare que ses ennemis sont les miens.
3. **Envelopper :** encercler.

Gravure de Masson pour *Andromaque*, Acte V, sc. 3.

Tout sanglant à leurs coups vouloir se dérober ;
1520 Mais enfin à l'autel il est allé tomber.
Du peuple épouvanté j'ai traversé la presse[1]
Pour venir de ces lieux enlever ma princesse,
Et regagner le port, où bientôt nos amis
Viendront couverts du sang que je vous ai promis.

HERMIONE

1525 Qu'ont-ils fait !

ORESTE

Pardonnez à leur impatience :
Ils ont, je le vois bien, trahi votre vengeance.
Vous vouliez que ma main portât les premiers coups,
Qu'il sentît en mourant qu'il expirait pour vous ;
Mais c'est moi dont l'ardeur leur a servi d'exemple :
1530 Je les ai pour vous seule entraînés dans le temple,
Madame ; et vous pouvez justement vous flatter
D'une mort que leurs bras n'ont fait qu'exécuter.
Vous seule avez poussé les coups…

HERMIONE

Tais-toi, perfide,
Et n'impute qu'à toi ton lâche parricide[2].
1535 Va faire chez tes Grecs admirer ta fureur,
Va, je la désavoue, et tu me fais horreur.
Barbare, qu'as-tu fait ? Avec quelle furie
As-tu tranché le cours d'une si belle vie ?
Avez-vous pu, cruels, l'immoler aujourd'hui,
1540 Sans que tout votre sang se soulevât pour lui ?
Mais parle. De son sort qui t'a rendu l'arbitre ?
Pourquoi l'assassiner ? Qu'a-t-il fait ? À quel titre ?
Qui te l'a dit ?

---

1. **Presse** : foule.
2. **Parricide** : au sens large, désigne non seulement le meurtre du père, mais aussi celui du souverain.

SITUER

Le récit du bonheur insolent de Pyrrhus a mis fin à l'irrésolution d'Hermione. Elle veut passionnément la mort de Pyrrhus et ne craint plus que la lâcheté d'Oreste. Mais la passion est versatile...

RÉFLÉCHIR

GENRES : la mort et le récit

1. Quelle est la valeur du présent employé par Oreste dans les vers 1494 et 1495 ? Quel est son effet ?

2. Quel est le temps dominant du récit d'Oreste ? Pourquoi ?

3. Pourquoi le meurtre de Pyrrhus est-il raconté et non représenté (voir p. 142) ?

4. Quel est l'intérêt de rapporter les paroles de Pyrrhus au style direct dans les vers 1507 à 1512 ?

DRAMATURGIE : un quiproquo tragique

5. Comment Oreste interprète-t-il les brèves répliques d'Hermione aux vers 1495 et 1525 ? Que fallait-il comprendre ? Quel est l'effet de cette méprise ?

6. Observez la succession des répliques : à quel moment la scène bascule-t-elle ? À quel moment la situation des deux personnages vous paraît-elle tragique ? pathétique ? Justifiez vos réponses.

PERSONNAGES : la lucidité et la mauvaise foi d'Hermione

7. Dans la tirade des vers 1545 à 1564, quel type de phrases domine d'abord ? Et ensuite ? Quel changement d'état d'esprit s'est produit en Hermione ?

8. Quelles phrases d'Hermione vous paraissent lucides ? Pourquoi ?

9. Relevez les propos d'Hermione qui sont en contradiction flagrante avec ceux de la scène 3 de l'acte IV. Quel effet peuvent-ils produire sur Oreste ? Et sur le spectateur ?

10. À quel moment s'exprime la mauvaise foi d'Hermione ?

MISE EN SCÈNE : jouer l'horreur et le désespoir

11. Observez le trio des personnages sur la gravure de la page 126 : quels sentiments leurs visages et leurs attitudes expriment-ils respectivement ?

12. Comment le dessinateur a-t-il réussi à exprimer la douloureuse incompréhension qui sépare Hermione et Oreste dans *Andromaque* (V, 3) ?

ORESTE

Ô dieux ! Quoi ? ne m'avez-vous pas
Vous-même, ici, tantôt, ordonné son trépas ?

HERMIONE

1545 Ah ! fallait-il en croire une amante insensée ?
Ne devais-tu pas lire au fond de ma pensée ?
Et ne voyais-tu pas dans mes emportements
Que mon cœur démentait ma bouche à tous moments ?
Quand je l'aurais voulu, fallait-il y souscrire ?
1550 N'as-tu pas dû[1] cent fois te le faire redire ?
Toi-même avant le coup me venir consulter,
Y revenir encore, ou plutôt m'éviter ?
Que[2] ne me laissais-tu le soin de ma vengeance !
Qui[3] t'amène en des lieux où l'on fuit ta présence ?
1555 Voilà de ton amour le détestable fruit :
Tu m'apportais, cruel, le malheur qui te suit.
C'est toi dont l'ambassade, à tous les deux fatale,
L'a fait pour son malheur pencher vers ma rivale.
Nous le verrions encor nous partager ses soins ;
1560 Il m'aimerait peut-être ; il le feindrait du moins.
Adieu. Tu peux partir. Je demeure en Épire :
Je renonce à la Grèce, à Sparte, à son empire,
À toute ma famille ; et c'est assez pour moi,
Traître, qu'elle ait produit un monstre comme toi.

SCÈNE 4. ORESTE, *seul*.

1565 Que vois-je ? Est-ce Hermione ? Et que viens-je d'entendre ?
Pour qui coule le sang que je viens de répandre ?
Je suis, si je l'en crois, un traître, un assassin.
Est-ce Pyrrhus qui meurt ? et suis-je Oreste enfin ?
Quoi ! j'étouffe en mon cœur la raison qui m'éclaire ;

---

1. **N'as-tu pas dû** : n'aurais-tu pas dû.
2. **Que** : pourquoi.
3. **Qui** : qu'est-ce qui.

1570 J'assassine à regret un roi que je révère ;
Je viole en un jour les droits des souverains,
Ceux des ambassadeurs, et tous ceux des humains,
Ceux même des autels où ma fureur l'assiège :
Je deviens parricide, assassin, sacrilège.
1575 Pour qui ? pour une ingrate à qui je le promets,
Qui même, s'il ne meurt, ne me verra jamais[1],
Dont j'épouse la rage. Et quand je l'ai servie,
Elle me redemande et son sang et sa vie !
Elle l'aime ! et je suis un monstre furieux !
1580 Je la vois pour jamais s'éloigner de mes yeux !
Et l'ingrate en fuyant me laisse pour salaire
Tous les noms odieux que j'ai pris pour lui plaire !

SCÈNE 5. ORESTE, PYLADE, SOLDATS D'ORESTE.

PYLADE

Il faut partir, Seigneur. Sortons de ce palais,
Ou bien résolvons-nous de[2] n'en sortir jamais.
1585 Nos Grecs pour un moment en défendent la porte.
Tout le peuple assemblé nous poursuit à main forte[3].
Aux ordres d'Andromaque ici tout est soumis :
Ils la traitent en reine, et nous comme ennemis.
Andromaque elle-même, à Pyrrhus si rebelle,
1590 Lui rend tous les devoirs d'une veuve fidèle,
Commande qu'on le venge, et peut-être sur nous
Veut venger Troie encore et son premier époux.
Allons. N'attendons pas que l'on nous environne :
Nos Grecs nous rejoindront ; et tandis qu'Hermione
1595 Tient encore le peuple autour d'elle arrêté,
Voilà notre chemin, sortons en sûreté.

---

1. **Ne me verra jamais** : refusera de me revoir jamais.
2. **Résolvons-nous de** : résignons-nous à.
3. **À main forte** : à main armée.

ORESTE

Non, non, c'est Hermione, amis, que je veux suivre.
À son dernier arrêt je ne puis plus survivre.
Partez : j'ai fait le crime, et je vais l'expier.

PYLADE

1600 Hermione, Seigneur ? Il la faut oublier.
Quoi ! toujours l'instrument et l'objet de sa rage,
Cherchez-vous chez les morts quelque nouvel outrage ?
Et parce qu'elle meurt faut-il que vous mouriez ?

ORESTE

Elle meurt ? Dieux ! qu'entends-je ?

PYLADE

Eh quoi ? vous l'ignoriez ?
1605 En rentrant dans ces lieux nous l'avons rencontrée
Qui courait vers le temple, inquiète[1], égarée.
Elle a trouvé Pyrrhus porté sur des soldats
Que son sang excitait à venger son trépas.
Sans doute à cet objet sa rage s'est émue.
1610 Mais du haut de la porte enfin nous l'avons vue,
Un poignard à la main, sur Pyrrhus se courber,
Lever les yeux au ciel, se frapper et tomber.

ORESTE

Grâce aux dieux ! Mon malheur passe[2] mon espérance :
Oui, je te loue, ô Ciel, de ta persévérance.
1615 Appliqué sans relâche au soin de me punir,
Au comble des douleurs tu m'as fait parvenir.
Ta haine a pris plaisir à former ma misère ;
J'étais né pour servir d'exemple à ta colère,
Pour être du malheur un modèle accompli.
1620 Hé bien ! je meurs content, et mon sort est rempli.
Où sont ces deux amants ? Pour couronner ma joie,
Dans leur sang, dans le mien, il faut que je me noie ;

---

1. **Inquiète :** agitée.
2. **Passe :** dépasse.

L'un et l'autre en mourant je les veux regarder.
Réunissons trois cœurs qui n'ont pu s'accorder.
1625 Mais quelle épaisse nuit tout à coup m'environne ?
De quel côté sortir ? D'où vient que je frissonne ?
Quelle horreur me saisit ! Grâce au Ciel j'entrevoi...
Dieux ! quels ruisseaux de sang coulent autour de moi !

PYLADE

Ah ! Seigneur !

ORESTE

Quoi ! Pyrrhus, je te rencontre encore ?
1630 Trouverai-je partout un rival que j'abhorre[1] ?
Percé de tant de coups, comment t'es-tu sauvé ?
Tiens, tiens, voilà le coup que je t'ai réservé.
Mais que vois-je ? À mes yeux Hermione l'embrasse[2] ?
Elle vient l'arracher au coup qui le menace ?
1635 Dieux ! quels affreux regards elle jette sur moi !
Quels démons, quels serpents traîne-t-elle après soi ?
Eh bien ! filles d'enfer[3], vos mains sont-elles prêtes ?
Pour qui sont ces serpents qui sifflent sur vos têtes ?
À qui destinez-vous l'appareil[4] qui vous suit ?
1640 Venez-vous m'enlever dans l'éternelle nuit ?
Venez, à vos fureurs Oreste s'abandonne.
Mais non, retirez-vous, laissez faire Hermione :
L'ingrate mieux que vous saura me déchirer ;
Et je lui porte enfin mon cœur à dévorer.

PYLADE

1645 Il perd le sentiment[5]. Amis, le temps nous presse.
Ménageons les moments que ce transport nous laisse.
Sauvons-le. Nos efforts deviendraient impuissants
S'il reprenait ici sa rage avec ses sens.

---

1. **Abhorre :** déteste.
2. **L'embrasse :** le serre dans ses bras.
3. **Filles d'enfer :** les Furies. Voir p. 198.
4. **L'appareil :** tout le cortège de ce qui les accompagne, et peut-être les fouets de la torture.
5. **Sentiment :** raison.

SITUER

Oreste se retrouve seul, maudit par celle qu'il aime et dont il n'a fait qu'exécuter les ordres.

RÉFLÉCHIR

PERSONNAGES : la montée de la folie d'Oreste

1. Comparez la ponctuation au début et à la fin du monologue d'Oreste : que constatez-vous ? Quelle différence de ton ce changement provoque-t-il ?

2. Dans le monologue d'Oreste, quels membres de phrases reprennent en fait les propos d'Hermione ? Pourquoi Oreste les reprend-il à son compte ?

3. Observez l'enchaînement et le contenu des répliques d'Oreste dans la scène 5. Vous paraît-il entendre Pylade et lui répondre ? Justifiez votre réponse.

4. Relevez plusieurs apostrophes dans cette scène : quels interlocuteurs fictifs surgissent ici et dans quel ordre ? Que signifie ce comportement ?

DRAMATURGIE : malentendu et coup de théâtre

5. Que comprend Oreste aux vers 1594-1596 ? Que fallait-il comprendre ?

6. Énumérez chronologiquement les motifs qui déclenchent et aggravent la folie d'Oreste. Qu'en concluez-vous ?

7. En quoi peut-on parler d'*ironie tragique** dans les vers 1613 à 1624 ?

MISE EN SCÈNE : démence ou raison ?

8. Quels gestes successifs feriez-vous faire à Oreste dans ses deux dernières tirades ?

9. Pourquoi la dernière réplique de Pylade est-elle souvent supprimée de nos jours à la représentation ?

SOCIÉTÉ : princes et peuples

10. Dans quelle situation politique s'inscrit l'attentat contre Pyrrhus ? Quel désastre est à venir ? Quelle portée Racine donne-t-il ainsi à ces dernières scènes ?

GENRES : dénouement de tragédie

La pièce se clôt sur une hécatombe : les « catastrophes », dans les tragédies classiques, sont les péripéties malheureuses des dernières scènes.

1. Relevez les catastrophes successives du dénouement. Étaient-elles attendues ou inattendues ? Dans quel ordre sont-elles révélées et pour quel effet ?

2. Les règles de la dramaturgie classique imposent un dénouement « nécessaire », c'est-à-dire duquel le hasard soit banni. Comment l'acte V satisfait-il à cette exigence ? Les règles veulent également un dénouement rapide. Pourquoi ? À quelle cadence se succèdent les catastrophes de l'acte V ?

3. Dans la première édition d'*Andromaque*, publiée en 1668, Racine avait envisagé un autre dénouement : comparez la scène 3 de l'acte V avec cette version primitive (voir p. 153). Pourquoi Racine a-t-il finalement préféré celle-ci ?

PERSONNAGES : certitudes et interrogations

Le dénouement d'une pièce classique doit être « complet », c'est-à-dire que le sort des personnages principaux doit être fixé.

4. Quels personnages n'apparaissent pas dans l'acte V (voir p. 165) ? Pour quelles raisons sont-ils absents ? Quels sont les personnages le plus souvent présents au contraire ? En quoi est-ce remarquable ?

5. La situation des quatre protagonistes à la fin de l'acte V est-elle clairement déterminée ? La curiosité du spectateur est-elle pleinement satisfaite ? Justifiez vos réponses.

REGISTRES ET TONALITÉS : la riche gamme des émotions

Pour obéir aux règles de l'unité de lieu et des bienséances, les catastrophes ne sont pas représentées sur scène. Invisible, le dénouement n'en est que plus pathétique (voir p. 141).

6. Comment le spectateur est-il mis au courant des catastrophes ? Quels sont les avantages et les effets de ce procédé ?

7. Le malheur est consommé au dernier acte : à quel moment atteint-on le point culminant de l'horreur ? de la pitié ? Ces moments coïncident-ils ? Pourquoi ?

▬ ÉCRIRE

8. Tout en respectant les règles classiques, imaginez un dénouement tragique différent, dans un dialogue théâtral accompagné des didascalies que vous jugerez nécessaires.

STRUCTURE : une impeccable mécanique
De l'exposition au dénouement, une rigoureuse nécessité marque l'action.

1. Comparez la première et la dernière scène de la tragédie : que remarquez-vous ? Quelle intention de l'auteur cette symétrie révèle-t-elle ?

2. « Qu'en un lieu, en un jour, un seul fait accompli
   Tienne jusqu'à la fin le théâtre rempli. »

C'est ainsi que Boileau formule la règle des trois unités (*Art poétique*, III, v. 45-46). Ces prescriptions sont-elles vérifiées par les données de temps et de lieu d'*Andromaque* ? par le déroulement de l'intrigue ? Cela vous paraît-il vraisemblable et satisfaisant ?

3. La tragédie développe une succession réglée de *péripéties** : combien de retournements de situation comptez-vous dans *Andromaque* ? À quels moments interviennent-ils ? Quel est leur effet sur le spectateur ?

PERSONNAGES : héros et confidents de tragédie
« Une vertu capable de faiblesse », c'est ainsi que Racine, dans sa préface, caractérise les personnages tragiques. Il assure qu'il s'est conformé aux conseils d'Aristote qui recommande des personnages « ni tout à fait bons, ni tout à fait méchants ».

4. Qu'est-ce qu'un héros ? Comparez les ascendances des protagonistes (voir p. 197 et 145). Qu'en déduisez-vous sur le personnage tragique en général ?

5. Reproduisez le tableau suivant en le complétant avec des actions ou des paroles qui illustrent le caractère de chaque personnage. Le profil obtenu pour chacun correspond-il à la définition donnée dans la préface ?

CARACTÈRES / PERSONNAGES	NOBLESSE, VERTU	FAIBLESSE, DÉFAUT
Andromaque		
Pyrrhus		
Hermione		
Oreste		

6. La tragédie souligne la défaite des confidents. Ni Cléone, ni Phœnix, ni Pylade ne parviennent à sauver leur maître : pourquoi ces échecs ? Que pensez-vous de la communication entre les protagonistes et leurs confidents ?

REGISTRES ET TONALITÉS : **émotion et retenue**
Le pathétique classique de Racine prend ses distances avec les textes dont il s'inspire.

7. Comparez le déroulement et le dénouement d'*Andromaque* avec ses sources légendaires (voir p. 146 à 149) : quelle version vous paraît plus tragique ? plus pathétique ?

8. L'absence d'Astyanax : le fils d'Andromaque représente un enjeu crucial tout au long de l'intrigue, et pourtant, contrairement à Euripide, par exemple, Racine ne le fait jamais paraître sur scène : d'après vous, quel est l'intérêt de ce choix ?

9. L'ironie tragique : vérifiez le sens de cette expression. L'ironie du sort est-elle indispensable au dénouement tragique d'*Andromaque* ?

■ ÉCRIRE

10. Imaginez les destins d'Andromaque, d'Astyanax et d'Oreste dans un récit qui commencera par : « Les jours qui suivirent l'assassinat de Pyrrhus… ». Veillez à la cohérence des caractères.

L'UNIVERS
DE L'ŒUVRE

Dossier documentaire
et pédagogique

LE TEXTE
ET SES IMAGES

ARRIÈRE-PLANS MYTHOLOGIQUES (P. 2-3)

1. Classez dans l'ordre chronologique les événements représentés sur les documents 1, 2 et 3. Quels points communs ces images présentent-elles ?

2. Le cheval chaque fois présent a-t-il la même signification ? Pourquoi ?

3. Sur quel matériau est peinte la scène du document 3 ? Quelle est la conséquence pour le choix des couleurs ?

4. À cause de quelles contraintes ces épisodes sont-ils absents de la représentation d'*Andromaque* ? (Voir p. 141)

CONCEPTIONS DU PATHÉTIQUE (P. 4-5)

5. Comparez le personnage masculin sur les illustrations des pages 4, 5 et 39 [gravure de Chauveau] : quelles impressions les artistes ont-ils respectivement privilégiées ? Même question pour le personnage féminin principal.

6. Observez la place et l'attitude de la confidente : quelles différences remarquez-vous ? Quelles conceptions du rôle révèlent-elles ?

FANTASMES ET FUREURS (P. 6-7)

7. À quel vers de l'acte V le tableau du Caravage (doc. 6) vous fait-il penser ? Pourquoi ?

8. Qu'est-ce qu'un *fantasme* ? et des *fureurs* ? Lesquelles, parmi ces trois images, illustrent le mieux chacun de ces termes ?

9. Êtes-vous d'accord pour faire intervenir Pylade et ses soldats afin de contenir la fureur d'Oreste (doc. 8) ? Quel autre type de

mise en scène pourrait traduire de façon plus tragique l'enfermement final d'Oreste dans sa folie ?

VISAGES D'ANDROMAQUE (P. 8-9)

10. Comment qualifieriez-vous chacune des interprétations
d'Andromaque proposées ici ? Laquelle vous paraît la mieux
rendre compte du personnage de Racine ? Pourquoi ?

11. Comparez les costumes d'Andromaque sur les trois photographies : quel aspect du personnage chaque metteur en scène
a-t-il choisi de mettre en valeur ?

12. Examinez le document 9 : que voyez-vous de symbolique
dans le décor, les costumes, la position des personnages ?
Rapprochez cette image de la photographie, page 16.

ANDROMAQUE ET PYRRHUS (P. 10-11)

13. Observez le décor de la photographie 13 (architecture,
couleurs, effets de lumière) : quelle atmosphère est ainsi créée ?
Commentez la place des personnages par rapport au décor.

14. Comment interpréter le geste d'Andromaque sur la photographie 12 ? et l'expression de Pyrrhus ?

15. Quel angle de prise de vue les photographes ont-ils choisi
pour chacune de ces images ? Qu'ont-ils voulu mettre en relief
dans les relations des personnages ?

ORESTE ET SON DESTIN (P. 12-13)

16. Par quels détails la mise en scène du document 14 suggère-
t-elle un univers tragique ?

17. Quelle(s) scène(s) de la tragédie la photographie 15 pour-
rait-elle illustrer ? Justifiez votre réponse. La mise en scène vous
paraît-elle correspondre au texte de Racine ? Pourquoi ?

18. Quels traits du personnage d'Oreste les photographies 14
et 15 soulignent-elles respectivement ?

GESTUELLE TRAGIQUE (P. 14-15)

19. En quoi les différences de teintes dans le costume des personnages sur la photographie 16 aident-elles à les identifier ? Quel est ici l'intérêt d'une photographie en noir et blanc ? Andromaque et Hermione ont-elles la place et l'attitude qui conviennent à leurs répliques dans l'acte III, scène 4 ? Justifiez votre réponse.

20. À quelles répliques de la tragédie les documents 17 et 18 vous paraissent-ils correspondre ? Comment interpréter les gestes successifs d'Oreste et d'Hermione ?

21. Comparez ces photographies avec celle de la page 13. Quelles interprétations du personnage d'Hermione y sont suggérées ?

TERREUR ET PITIÉ (P. 16)

22. En vous aidant des pages 20 (Repères) et 36 (liste des personnages), identifiez chacun des personnages de l'image.

23. Chaque époque représente l'Antiquité de façon différente ; comparez les costumes de ce tableau avec ceux des pages 4, 8 et 58 [mise en scène de 1903 avec Sarah Bernhardt]. Quel choix feriez-vous si vous étiez metteur en scène ? Pourquoi ?

L'espace de la tragédie

Où et comment jouait-on la tragédie au temps de Racine ?
De nombreuses difficultés se posaient aux auteurs et aux acteurs.

L'unité de lieu

Les règles de l'esthétique classique imposent à l'intrigue une
durée limitée ainsi qu'une action et un lieu uniques (voir
p. 153). Les théoriciens réfléchissent aux moyens de **réduire
l'espace théâtral** à un lieu unique et proposent des formulations
diverses : « l'espace parcouru en vingt-quatre heures », ou bien
« l'espace communément embrassé par le regard », ou même un
décor « dont l'étendue coïncide avec le champ d'optique du
spectateur », qui se réduira donc à une seule pièce.

Ce décor reste le même tout au long de la représentation : l'intrigue étant censée se dérouler pendant un laps de temps réduit
(unité de temps), les personnages ne pourraient s'éloigner du lieu
initialement représenté sans manquer à la vraisemblance. Les dramaturges nomment, en général, la ville où se déroule l'action, quelquefois un endroit plus précis : une place bordée de palais et de
temples, avec parfois une perspective ouvrant sur la mer (pour
mettre en relief une tension entre un intérieur étouffant et un espoir
d'évasion), plus souvent une salle du palais, un vestibule, un cabinet
ou une antichambre. L'indication initiale reste volontairement indé-
terminée pour que divers personnages puissent se rencontrer dans
cet endroit sans remettre en cause la notion de vraisemblance.
Pourtant, les critiques font remarquer aux auteurs qu'il n'est pas
plausible que, dans la réalité, autant de personnages se rencontrent
successivement dans ce lieu unique sans surprendre ce qui peut se
tramer contre eux. Il s'agit en fait d'un **décor de convention**.

Ainsi, dans *Andromaque*, le nombre d'indications réalistes sur
le décor est très restreint. La didascalie initiale nous informe le
lieu général : « Buthrote, ville d'Épire, dans une salle du palais de

Pyrrhus ». Rien par la suite ne viendra préciser la configuration des lieux. Les seules allusions au décor se font par l'expression « en ces lieux » (v. 603 et 891) dont le pluriel accroît le flou.

La scène et la salle

Au XVIIᵉ siècle prévaut le « **théâtre à l'italienne** », conçu sur un rectangle divisé en deux parties : la scène et la salle, séparées par une rampe d'éclairage, une fosse d'orchestre et un rideau qui ne descend qu'à la fin de la pièce. La scène est le plus souvent étroite et profonde, et l'on se sert de la profondeur pour créer la perspective (décor en « trompe-l'œil »). En face se situe la salle, où, sur plusieurs étages, se place le public en fonction d'une hiérarchie sociale et financière : du « parterre » (où les moins riches se tiennent debout), jusqu'aux « loges » (petits salons cloisonnés pour les plus favorisés). Pourtant, la coupure entre la scène et la salle n'est pas aussi radicale que de nos jours, puisqu'il arrive que certains privilégiés prennent place sur la scène.

Le rôle de l'**éclairage** est important : il sert à mettre en valeur les couleurs du décor, mais aussi les costumes et les visages des acteurs. À l'époque de Racine, on éclaire le décor au moyen de lustres suspendus au-dessus de la scène et d'une rampe (ligne d'éclairage placée au bord et au ras du plancher de la scène). Les chandelles sont mouchées ou remplacées adroitement et rapidement pendant les entractes, afin de ne pas déranger le spectacle.

Les exigences de la bienséance

L'unité de lieu, jointe aux exigences strictes des bienséances, a nécessité l'invention des **entractes** et du **hors-scène**.

Dans la tragédie classique, l'entracte est représenté seulement par le bref instant où la scène reste vide. Il permet par exemple à Andromaque, à la fin de l'acte III, d'aller consulter Hector sur son tombeau, et symbolise l'écoulement du temps pendant lequel elle a pris sa décision. De même, la bienséance proscrit la représentation des combats et des meurtres : il ne faut pas « ensanglanter la scène », la mort ne doit être évoquée que dans les discours. C'est pourquoi au dernier acte d'*Andromaque*, Racine recourt à la technique du récit, caractéristique de la tragédie classique : Oreste conte l'assassinat de Pyrrhus (v. 1499-1524), Pylade le suicide d'Hermione (v. 1605-1612). Les bienséances sont sauves, tandis que le spectateur apprend les détails du dénouement.

La liaison des scènes

Il reste à élucider une difficulté matérielle de la représentation : celle de l'enchaînement des scènes. La scène est souvent très profonde ; or l'acteur entre par le fond et avance lentement (car, dans la tragédie, il doit garder une démarche digne et noble) jusque sur le devant de la scène où il prononcera ses répliques. Mais le va-et-vient des acteurs entre chaque scène prend du temps. Les auteurs occupent donc les temps morts qui séparent les scènes par une phrase qui annonce l'arrivée d'un personnage : « il vient », « je la vois », ou « le voici ». Dans *Andromaque*, Racine utilise ce subterfuge bon nombre de fois (I, 1 à 2, 3 à 4 ; II, 1 à 2, 3 à 4 ; III, 1 à 2, 3 à 4, 5 à 6 ; IV, 1 à 2, 2 à 3, 4 à 5) et parfois même des vers de « remplissage » qui permettent au roi d'approcher et au confident de disparaître (I, 1).

Les contemporains de Racine devaient donc composer avec les difficultés matérielles autant qu'avec les exigences du genre tragique.

Les sites de la tragédie d'*Andromaque*

UNE ŒUVRE
DE SON TEMPS ?

Andromaque,
œuvre antique et moderne

LA MYTHOLOGIE

L'Histoire et la légende

Les légendes anciennes constituent le point de départ et le fond d'*Andromaque*. Pour comprendre les allusions des personnages de Racine, il faut les replacer dans le contexte mythique de la guerre de Troie.

Du point de vue historique, Troie est une ville d'Asie Mineure[1] fondée vers la fin du IVe millénaire av. J.-C. Cette opulente cité fut détruite vers 1250 av. J.-C. au terme d'une guerre avec les Grecs. La poésie s'est emparée de la réalité et, transmettant d'une génération à l'autre le récit des faits, les a métamorphosés en une fabuleuse épopée : au IXe siècle av. J.-C., Homère a organisé les épisodes de la guerre de Troie dans son *Iliade* (de l'autre nom de Troie : Ilion).

De la pomme... à la guerre

D'après la légende, le conflit qui est à l'origine de la guerre de Troie trouve sa source dans les noces de la nymphe Thétis avec le roi Pélée : Éris, la déesse de la Discorde, furieuse de n'avoir pas été invitée, se vengea en lançant parmi les convives une pomme d'or destinée « à la plus belle... ». Cette pomme provoqua une dissension entre les déesses Héra, Athéna et Aphrodite. Pour que Pâris, qui devait trancher, la désignât

---

1. Voir carte p. 143.

comme la plus belle des déesses, Aphrodite lui promit qu'il épouserait la plus belle femme du monde…

Pâris était le fils de Priam, roi de Troie. Lorsqu'il rendit visite à Ménélas, le roi de Sparte, et à son épouse Hélène, il comprit que celle-ci lui était destinée. Profitant d'une absence de Ménélas, les deux amants prirent la fuite et gagnèrent Troie où ils se marièrent. Ménélas, furieux, réunit tous les chefs grecs (ou « danaens ») et leur demanda de l'aider à ramener Hélène à Sparte. Une immense expédition fut alors mise sur pied et fit voile vers Troie.

L'engrenage des vengeances

Devant Troie, à la guerre s'ajoutèrent les querelles entre les Grecs. Pour venger la mort de son ami Patrocle, le chef grec Achille se jeta dans la bataille, massacrant un grand nombre d'ennemis, puis finit par tuer le chef troyen Hector.

Dans son agonie, celui-ci prédit la mort imminente de son meurtrier. Achille dépouilla le cadavre, puis, en hommage à Patrocle, le traîna derrière son char, la face dans la poussière, pendant douze jours.

L'anéantissement de Troie

Troie fut prise après un siège de dix ans, grâce à une ruse d'Ulysse : un cheval de bois rempli de guerriers que les Troyens introduisirent imprudemment dans leur cité, croyant que les Grecs l'avaient abandonné en témoignage de piété après avoir levé le siège de la ville. Celle-ci fut détruite et la plupart de ses habitants massacrés. Ménélas ou peut-être Néoptolème (Pyrrhus) précipita Astyanax du haut de la muraille, car Ulysse (voir p. 199) avait conseillé de n'épargner aucun des descendants mâles de Priam. Andromaque fut emmenée en captivité avec les autres survivants, et lors du partage des esclaves, elle échut à Néoptolème.

ARBRE GÉNÉALOGIQUE DES PROTAGONISTES

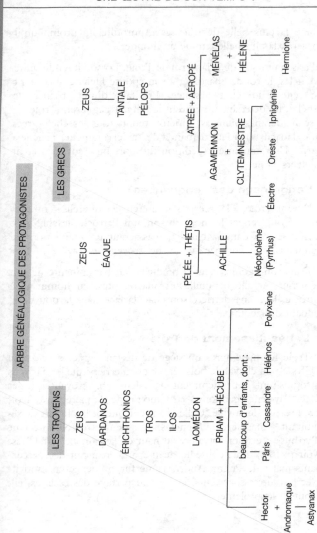

LES GRECS

ZEUS
|
TANTALE
|
PÉLOPS
|
ATRÉE + AÉROPÉ
|
MÉNÉLAS
+
HÉLÈNE
|
Hermione

AGAMEMNON
+
CLYTEMNESTRE
|
Électre   Oreste   Iphigénie

ZEUS
|
ÉAQUE
|
PÉLÉE + THÉTIS
|
ACHILLE
|
Néoptolème
(Pyrrhus)

LES TROYENS

ZEUS
|
DARDANOS
|
ÉRICHTHONIOS
|
TROS
|
ILOS
|
LAOMÉDON
|
PRIAM + HÉCUBE
|
beaucoup d'enfants, dont :
Pâris   Cassandre   Hélénos   Polyxène

Hector
+
Andromaque
|
Astyanax

LES SOURCES

Pour *Andromaque*, comme pour *Iphigénie* ou *Phèdre*, Racine a recours à la poésie et au théâtre antiques : sa préface mentionne ses emprunts aux Anciens et explique ses innovations.

Dans l'*Iliade* d'**Homère** (IXe s. av. J.-C.), une page émouvante du chant VI a inspiré à Racine le récit des adieux d'Andromaque à Hector (III, 8 ; v. 1018 à 1026) :

« Ainsi dit l'illustre Hector, et il tend les bras à son fils. Mais l'enfant se détourne et se rejette en criant sur le sein de sa nourrice à la belle ceinture : il s'épouvante à l'aspect de son père ; le bronze lui fait peur, et le panache aussi en crins de cheval, qu'il voit osciller, au sommet du casque, effrayant. Son père éclate de rire, et sa digne mère aussi. Aussitôt, de sa tête, l'illustre Hector ôte son casque : il le dépose, resplendissant, sur le sol. Après quoi, il prend son fils, et le baise, et le berce en ses bras, et dit, en priant Zeus et les autres dieux :

"Zeus ! et vous tous, dieux ! permettez que mon fils, comme moi, se distingue entre les Troyens, qu'il montre une force égale à la mienne, et qu'il règne, souverain, à Ilion ! Et qu'un jour l'on dise de lui : 'Il est encore plus vaillant que son père', quand il rentrera du combat ! Qu'il en rapporte les dépouilles sanglantes d'un ennemi tué, et que sa mère en ait le cœur en joie !"

Il dit et met son fils dans les bras de sa femme ; et elle le reçoit sur son sein parfumé, avec un rire en pleurs. Son époux, à la voir, alors a pitié. Il la flatte de la main, il lui parle, en l'appelant de tous ses noms :

"Pauvre folle ! que ton cœur, crois-moi, ne se fasse pas tel chagrin. Nul mortel ne saurait me jeter en pâture à Hadès avant l'heure fixée. Je te le dis ; il n'est pas d'homme, lâche ou brave, qui échappe à son destin, du jour qu'il est né. Allons ! rentre au logis, songe à tes travaux, au métier, à la quenouille, et donne ordre à tes servantes de vaquer à leur ouvrage. Au combat veilleront les hommes, tous ceux – et moi, le premier – qui sont nés à Ilion."

Ainsi dit l'illustre Hector, et il prend son casque à crins de cheval, tandis que sa femme déjà s'en revient chez elle, en tournant la tête et en versant de grosses larmes. Elle arrive bientôt à la bonne demeure d'Hector meurtrier. Elle y trouve ses servantes en nombre ; et, chez toutes, elle fait monter les sanglots. »

HOMÈRE, *Iliade*, VI, vers 466-499, traduction de Paul Mazon, Les Belles Lettres, 1937.

Un autre Grec, le dramaturge **Euripide** (Vᵉ s. av. J.-C.), avait écrit une *Andromaque* dont l'intrigue reposait essentiellement sur le conflit entre Hermione, épouse de Néoptolème restée stérile, et Andromaque la concubine qui, elle, avait conçu un fils. Racine a pu emprunter à Euripide (v. 1111-1156) le récit du massacre de Néoptolème par les Grecs.

Dans *Les Troyennes* du même auteur, Racine a trouvé le modèle des lamentations d'Andromaque sur Astyanax promis aux Grecs :

« Ô mon enfant, mon unique trésor,
tu vas mourir de la main de nos ennemis,
abandonnant ta mère infortunée.
Ce qui te fait périr, c'est l'héroïsme de ton père
Qui fut le salut de tant d'autres, non le tien !
Infortuné, l'hymen qui me fit entrer au palais d'Hector !
Était-ce pour fournir une victime aux Grecs
que je souhaitais mettre au monde un fils ?
C'était pour qu'il régnât sur l'Asie et ses belles moissons.
Tu pleures, mon enfant ? Comprends-tu ton malheur ?
À quoi bon m'enserrer dans tes bras, te suspendre à ma robe ?
comme un oiseau te blottir sous mes ailes ?
Hector ne viendra pas avec sa glorieuse lance,
ressuscitant du sol pour te sauver,
Pas plus que ceux de ton lignage, ou la puissance des Phrygiens.
Lancé d'en haut, impitoyablement, pour une chute affreuse
qui brisera ta nuque, tu rendras le dernier soupir.
Ô corps de mon enfant, si doux à étreindre,
ô suave odeur de ta peau ! c'est donc en vain
que mon sein t'a nourri lorsque tu étais dans tes langes !
En vain je me suis épuisée de peine et de tourment.
Donne ce baiser à ta mère ; ce sera le dernier.
Contre elle serre-toi, passe tes bras

autour de mon cou, pose ta bouche sur ma bouche.
C'est vous, les Grecs, qui inventez des supplices barbares !
De quel droit tuez-vous cet enfant innocent ? [...] »

EURIPIDE, *Les Troyennes*, vers 740-765,
traduction de Marie Delcourt-Curvers, Gallimard, NRF, 1962.

Racine a également fait des emprunts aux écrivains latins : il se réfère explicitement à l'*Énéide* de Virgile (poète latin du Ier s. av. J.-C.) comme le prouve l'extrait du début de la préface d'*Andromaque*[1]. Mais Virgile suit la tradition selon laquelle Astyanax aurait été tué par les Grecs. C'est pourquoi Racine opère des coupures dans le texte du poète antique.

Le portrait de Pyrrhus en guerrier cruel que trace Andromaque (III, 8) peut aussi être une réminiscence de Virgile :

« Devant la cour d'entrée, sur le seuil de la première porte, Pyrrhus exultant d'audace resplendit sous ses armes d'une lumière d'airain [...]. Lui-même, au premier rang, Pyrrhus a saisi une hache à deux tranchants ; il s'efforce de briser les seuils épais de la porte et d'arracher de leurs pivots les montants d'airain. Déjà une poutre a été rompue, les durs battants de chêne éventrés ; et une énorme brèche ouvre son large orifice. [...] Pyrrhus, aussi fougueux que son père, presse l'attaque : ni barres de fer ni gardiens ne peuvent soutenir l'assaut. Les coups redoublés du bélier font éclater les portes et sauter les montants de leurs gonds. [...] J'ai vu de mes yeux, ivre de carnage, Néoptolème et sur le seuil les deux Atrides. J'ai vu Hécube et ses cent brus, et au pied des autels Priam dont le sang profanait les feux sacrés qu'il avait lui-même allumés. »

VIRGILE, *Énéide*, livre II, vers 469 et suivants,
traduction d'André Bellessort, Les Belles Lettres, 1948.

Enfin, Racine fait allusion dans sa préface à *La Troade* (que nous appelons *Les Troyennes*) de Sénèque, auteur latin du Ier siècle apr. J.-C. Chez Sénèque, Andromaque captive apparaît terrorisée par un songe au cours duquel Hector lui est apparu :

---

1. Voir p. 30 et 33.

« Soudain, Hector m'est apparu, non tel qu'on l'avait vu attaquant les Argiens, menaçant de ses torches les vaisseaux des Grecs, ni tel que, massacrant les Danaens, ivre de carnage, il rapportait dans Ilion les armes véritables d'Achille, arrachées à un faux Achille. Son visage ne lançait plus de regards terribles, mais il semblait las, abattu, alourdi par les larmes, semblable à nous dans la douleur, et sa chevelure était toute en désordre. Pourtant sa vue me réjouissait. Alors, hochant la tête : "Sors de ton sommeil, me dit-il, et sauve ton fils, ô ma fidèle épouse : emporte-le, là seulement est son salut. Essuie tes pleurs. Est-ce sur la chute de Troie que tu gémis ? Que n'est-elle morte tout entière ! Éloigne-toi, en hâte, cache de ton mieux le faible rejeton de notre famille." Un tremblement glacial m'arrache au sommeil, je porte autour de moi mes yeux effrayés, oubliant mon fils, je cherche vainement mon époux, mais son ombre trompeuse échappe à mes embrassements. Ô mon fils ! image fidèle de ton illustre père, seul espoir des Phrygiens, unique appui d'une maison déchue, dernier rejeton d'un sang glorieux et trop vivant portrait de ton père ! Oui, voilà bien le visage de mon Hector, telle était sa manière, tel son maintien. »

SÉNÈQUE, *Les Troyennes*, vers 443-465.

Racine se réfère donc à des sources nombreuses ; néanmoins – et comme il le revendique lui-même – il en a tiré une tragédie classique, c'est-à-dire moderne, pour le siècle de Louis XIV.

NOUVEL ART DE VIVRE ET NOUVELLE ESTHÉTIQUE

Influencé par les goûts de son siècle, Racine a dû se soumettre aux exigences précises d'un genre très codifié.

D'une part, et malgré son évolution vers un style dépouillé, Racine est un héritier de la **préciosité** : ce courant du début du XVIIe siècle cultivait un art de vivre et de s'exprimer très raffiné, appelé « galant ». Le mot *galanterie* a aujourd'hui un sens limité et désigne les marques de la politesse masculine à l'égard du sexe féminin ; mais c'était à l'époque de Racine un mot-clé de la littérature et de la vie mondaine. Dans les salons, *galant* possédait une valeur favorable pour désigner (d'après le grammairien

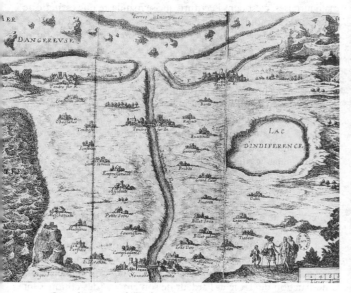

Carte du royaume de Tendre, parue dans la *Clélie* de Mlle de Scudéry, 1654-1660. (Bibliothèque nationale de France, Paris.)

Vaugelas) une personne ayant « […] de la bonne grâce, de l'air de la Cour, de l'esprit, du jugement, de la civilité, de la courtoisie et de la gaîté, le tout sans contrainte, sans affectation et sans vice ». La galanterie s'appliquait essentiellement à la distinction d'esprit et au raffinement des manières.

Plus que dans l'action d'*Andromaque* avec sa chaîne d'amours malheureuses, c'est dans l'écriture que se manifeste une **esthétique galante** : le vocabulaire des personnages raciniens, quand ils expriment leurs sentiments, est celui de la *Carte de Tendre*. Cette carte, imaginée dans le salon précieux de Mlle de Scudéry, donnait une représentation allégorique des sentiments et permettait, en un « voyage idéal », d'imaginer l'évolution de toute relation sentimentale. Les épithètes les plus souvent employées pour désigner l'être aimé sont empruntées au vocabulaire galant : *charmant*, qui garde sa nuance étymologique de sortilège, *cruel*, *infidèle*, *ingrat* ou *perfide*. De même, tout absorbée par l'idéal, la préciosité refusait de désigner la réalité par des mots ordinaires : pour l'embellir, elle multipliait les figures et le style imagé. On retiendra deux métaphores courantes (presque des clichés) employées par Racine : celle du feu, pour exprimer l'intensité du sentiment amoureux (avec la récurrence des termes : *flamme*, *feu*, *ardent*, *ardeur*, *brûler*), et celle de la captivité, évoquant elle aussi la passion qui rend esclave avec les *fers* et *chaînes*. Enfin, les salons cultivaient le bel esprit, l'art de la pointe et du jeu de mots, que Racine n'a pas dédaigné, comme on le constate au vers 320, où Pyrrhus joue sur les sens propre et figuré du mot *feu*, pour évoquer simultanément la destruction de Troie et l'ardeur de son amour (des critiques lui ont reproché ce calembour « facile et de mauvais goût »).

D'autre part, Racine devait mettre en œuvre les règles strictes du genre **tragique**, déterminées par des théoriciens sévères : les règles des trois unités et de la bienséance. L'unité de lieu est observée dans *Andromaque*, puisque toutes les scènes sont censées se dérouler « dans une salle du palais de Pyrrhus »[1].

---

1. Voir p. 141.

L'unité de temps est également respectée, car l'arrivée d'Oreste et ses démarches maladroites précipitent le dénouement d'une situation tendue et donc accréditent la brièveté de l'action. De même, Racine se soumet à l'unité d'action : tout est subordonné à la décision d'Andromaque ; même les destins d'Oreste et d'Hermione en dépendent directement et ne peuvent donc être considérés comme intrigues secondaires.

Par ailleurs, le bon goût doit absolument régner sur scène, rien ne doit choquer les spectateurs ; or une tragédie – et particulièrement *Andromaque* – repose sur une action violente et un dénouement sanglant. Des subterfuges sont donc nécessaires pour remplacer les actions susceptibles de violer les **bienséances**. Les assassinats et les suicides sont racontés et non représentés[1].

C'est aussi le cas dans les discours : jamais un mot déplacé n'est prononcé, même dans les émotions les plus violentes (au v. 825, Oreste s'interrompt sur l'adjectif « cruelle », puis il reprend ses esprits et l'apostrophe suivante redevient digne : « Madame »). Le comportement des personnages s'apparente plus à celui de courtisans que de guerriers antiques ; contrairement au Pyrrhus brutal et cynique de l'*Énéide*, celui d'*Andromaque* garde toujours le ton de la politesse mondaine, même dans son emportement contre la reine insoumise (I, 4). Racine assure d'ailleurs avoir « adouci sa férocité ». Et même lorsqu'au dernier acte, Oreste bascule dans la démence, ses propos conservent noblesse et dignité.

Enfin, le choix fait par Racine de la **simplicité** de l'intrigue et de la pureté du style se révèle lorsque l'on compare le dénouement avec celui que l'auteur avait initialement prévu.

---

1. Voir p. 142.

ACTE V

SCÈNE 3 (première version)
ORESTE, ANDROMAQUE, HERMIONE, CÉPHISE, soldats d'ORESTE.

ORESTE

Madame, c'en est fait, partons en diligence.
Venez dans mes vaisseaux goûter votre vengeance.
Voyez cette captive : elle peut mieux que moi
Vous apprendre qu'Oreste a dégagé sa foi.

HERMIONE

Ô dieux ! c'est Andromaque !

ANDROMAQUE

            Oui, c'est cette princesse
Deux fois veuve, et deux fois l'esclave de la Grèce,
Mais qui jusque dans Sparte ira vous braver tous,
Puisqu'elle voit son fils à couvert de vos coups.
Du crime de Pyrrhus complice manifeste,
J'attends son châtiment. Car je vois bien qu'Oreste,
Engagé par votre ordre à cet assassinat,
Vient de ce triste exploit vous céder tout l'éclat.
Je ne m'attendais pas que le ciel en colère
Pût, sans perdre mon fils, accroître ma misère,
Et gardât à mes yeux quelque spectacle encor
Qui fît couler mes pleurs pour un autre qu'Hector.
Vous avez trouvé seule une sanglante voie
De suspendre en mon cœur le souvenir de Troie.
Plus barbare aujourd'hui qu'Achille et que son fils,
Vous me faites pleurer mes plus grands ennemis ;
Et ce que n'avait pu promesse ni menace,
Pyrrhus de mon Hector semble avoir pris la place.
Je n'ai que trop, Madame, éprouvé son courroux :
J'aurais plus de sujet de m'en plaindre que vous.
Pour dernière rigueur ton amitié cruelle,
Pyrrhus, à mon époux me rendait infidèle.
Je t'en allais punir. Mais le ciel m'est témoin
Que je ne poussais pas ma vengeance si loin,
Et sans verser ton sang ni causer tant d'alarmes,
Il ne t'en eût coûté peut-être que des larmes.

HERMIONE

Quoi ? Pyrrhus est donc mort ?

ORESTE

Oui, nos Grecs irrités […]
(Les v. 1496-1520 de l'édition définitive prenaient place ici.)
Le Troyen est sauvé. Mais partons, le temps presse ;
L'Épire tôt ou tard satisfera la Grèce.
Cependant j'ai voulu qu'Andromaque aujourd'hui
Honorât mon triomphe et répondît de lui.
Du peuple épouvanté la foule fugitive
M'a laissé sans obstacle enlever ma captive,
Et regagner ces lieux, où bientôt nos amis
Viendront couverts du sang que je vous ai promis.
(Suivent les répliques des v. 1525-1564, comme dans l'édition définitive, puis :)

HERMIONE

[…] Allons, Madame, allons. C'est moi qui vous délivre.
Pyrrhus ainsi l'ordonne, et vous pouvez me suivre.
De nos derniers devoirs allons nous dégager,
Montrons qui de nous deux saura mieux le venger.

On voit que le dramaturge a supprimé la réapparition d'Andromaque à l'acte V : son retour avivait le pathétique de la scène 3, mais la rendait larmoyante, et l'héroïne jusque-là « rare » et réservée y devenait trop prolixe. Cet effacement de l'acte V est plus conforme à sa personnalité. En outre, le revirement d'Hermione était peu vraisemblable et peu en rapport avec son caractère. Enfin, le premier dénouement était plus long ; or la tragédie exige un dénouement terrifiant, donc fulgurant. Racine a donc opté pour la brièveté, la sobriété et la cohérence des caractères.

On peut pourtant risquer une conclusion irrévérencieuse à l'égard du grand dramaturge classique : certains personnages (Pyrrhus, par exemple) pourraient paraître fades, ou parfois mièvres. Peut-être le temps prend-il une cruelle revanche sur le succès de la tragédie galante : le « moderne » du XVIIe siècle nous semble un peu vieilli, alors que la violence de grands mythes antiques comme la malédiction des Atrides[1] demeure éternelle.

---

1. Voir p. 166, fatalité.

La voix des passions

Quoique Mme de Sévigné l'ait baptisé « *le tendre Racine* », l'auteur d'*Andromaque* paraît avoir une prédilection pour la violence ; sa tragédie est en effet marquée par la recherche du paroxysme. Toutes les passions, fussent-elles contradictoires, s'expriment par les mêmes accents et les mêmes procédés de style. Racine exacerbe ainsi l'impression de violence tragique par des effets de symétrie. Dans leur rôle de faire-valoir, les confidents eux-mêmes y contribuent.

LA GRADATION DES PASSIONS

D'après son étymologie, le terme *passion* désigne ce que quelqu'un subit, généralement de façon douloureuse (la Passion du Christ = son martyre). Chez les auteurs du XVIIe siècle, il désigne un « mouvement de l'âme, en bien ou en mal, pour le plaisir ou pour la peine ». Enfin, on l'emploie pour qualifier un état affectif intense et irraisonné dominant une personne, qu'il s'agisse d'amour ou d'un autre sentiment. L'excès, et par conséquent la violence, caractérisent le plus souvent les passions.

Or *Andromaque* est probablement la tragédie la plus violente de Racine, parce que les personnages sont tous en proie à la passion. Oreste, dès la scène d'exposition, reconnaît cet état de « possession », qu'il impute d'ailleurs au destin (v. 86, 97, 98).

Les passions s'enchaînent et s'entraînent mutuellement. L'**amour** commande toutes les autres : la passion amoureuse se traduit par des déclarations enflammées (Oreste : II, 2 ; IV, 3) et des promesses imprudentes (Pyrrhus : I, 4). Tant que l'on n'a pas essuyé de refus, on persiste dans ses illusions et l'**exaltation** trouve son expression privilégiée dans le monologue (Oreste :

II, 3), comme si la solitude favorisait l'aveuglement amoureux, ou dans la scène de confidences (Oreste : III, 1 ; Hermione : III, 3). Si, au contraire, il subit une rebuffade, l'amant exhale alors sa **colère** (Oreste : III, 1 ; Hermione : IV, 3 ; V, 3) et sa **jalousie** (Hermione : IV, 5), qui ne tardera pas à dégénérer en **haine** (Hermione : v. 413, 416, 1192, 1225). Et lorsque tout est perdu, il ne lui reste que le **désespoir** (Oreste : III, 2 ; Andromaque : III, 6 et 8). Oreste, subissant jusqu'au bout sa passion, finira par sombrer dans la **démence**[1].

Ces passions s'expriment alternativement ou successivement dans la pièce, révélant peu à peu le caractère de chaque personnage.

UN SEUL MODÈLE DE PASSION ?

Malgré leurs différences de caractère, les personnages d'*Andromaque* adoptent des conduites et des discours similaires, comme si la passion déterminait un modèle de comportement unique.

« Un monde de miroirs »

Le jeu des dualités prend sa source dans un même schéma de fuite et de recherche propre à cette tragédie. Indifférents à qui les aime, les personnages aiment précisément qui les dédaigne : Andromaque, fidèle à Hector jusque dans la tombe, repousse les avances de Pyrrhus, qui ignore la passion d'Hermione, qui, elle-même, traite cruellement Oreste. Au fil des scènes, leurs démarches se reproduisent à l'identique : scènes de confidence (I, 1 ⇒ I, 3 ⇒ II, 1), tergiversations (de Pyrrhus, I, 4, puis d'Hermione, II, 1), affrontements (III, 6 ⇒ I, 3 ⇒ IV, 5) ou palinodies (Pyrrhus et Oreste : I, 2 ≠ II, 4 ; Pyrrhus, III, 6 ≠ III, 7 ; Hermione, IV, 3 ≠ V, 3). Ces répétitions et symétries furent d'ailleurs reprochées à Racine. Pour son détracteur Subligny, « doubler » les scènes est inutile

---

1. Voir p. 168, folie.

et ridicule (voir p. 190). Mais la répétition est utilisée ici pour signifier l'**enfermement tragique** des personnages dans une passion funeste, qui selon la perspective janséniste (voir p. 22), toujours à l'arrière-plan de la tragédie racinienne, ne peut prendre que les mêmes formes malheureuses.

Des procédés identiques

Les protagonistes recourent aux mêmes tactiques. Ils alternent **promesses** et **menaces**, comme Pyrrhus (v. 287 ≠ v. 370) et Hermione (v. 1230-1231 ≠ v. 1233, 1245-1246), n'hésitent pas à avoir recours à la **provocation** ou au **chantage** : il en est ainsi de Pyrrhus avec Andromaque (v. 900, 972-976) et d'Hermione avec Oreste (v. 1200, 1237-1248).

Déçus ou blessés, ils exhalent sur le même mode une même **fureur** : Oreste contre Hermione et Pyrrhus (III, 1) ; Hermione contre Pyrrhus (v. 1356-1386). Cette « sympathie tragique » se traduit, d'un personnage à l'autre, jusque dans l'identité des mots, des figures (v. 368/416 ; v. 1495/1604) et des répliques : ainsi se font écho les monologues d'Oreste et d'Hermione à l'acte V, scènes 1 et 4.

Un engrenage impitoyable

Symétries et répétitions créent un effet de « mécanique tragique » : le spectateur a le sentiment d'une marche irréversible vers la catastrophe. Ainsi, lorsqu'à l'acte V, il apprend la mort de Pyrrhus (v. 1495), il peut avoir d'emblée l'intuition du suicide d'Hermione ; celui-ci confirmé, il s'attend à un dénouement fatal pour Oreste. Les discours et les comportements symétriques des trois personnages ont préparé cet aboutissement : il apparaît comme logique et inévitable.

Possédés et dépossédés par leurs sentiments, tous semblables et pourtant seuls avec eux-mêmes, les héros d'*Andromaque* obéissent donc à des schémas imposés par la passion : c'est ainsi que se manifeste leur destin.

RAISON CONTRE PASSION : LE CONFIDENT

Quoique dévoué à son ami ou à son maître, le confident pose un regard distancié sur sa passion dévastatrice. Porte-parole d'une humanité « raisonnable », il incite en vain le héros à temporiser, à composer avec elle. Il en souligne ainsi la démesure tragique.

Un regard lucide

Devant l'aveuglement du protagoniste, le confident fait preuve de **clairvoyance** : Cléone est plus perspicace qu'Hermione sur ses propres sentiments (v. 426) ou sur ceux d'Oreste (v. 402-404) et Pylade plus qu'Oreste sur ceux d'Hermione (v. 747-748). À Pyrrhus qui proclame sa « haine » d'Andromaque, Phœnix oppose une sagacité laconique (accablement ironique du v. 685). Mais cette lucidité reste le plus souvent impuissante : l'intuition de Cléone (v. 1255) n'a pas raison de l'entêtement d'Hermione.

La voix de la raison et du compromis

Les confidents combattent par leur bon sens les extravagances de passions dans lesquelles ils n'entrent pas. Pylade prouve à Oreste qu'un revirement d'Hermione est peu probable (v. 31-34) et lui prodigue des conseils raisonnables (v. 751-752, *fuyez-la…*). Cléone a recours aux mêmes termes pour admonester Hermione (*Fuyez-le*, v. 417), puis en appelle à l'amour-propre contre l'amour (v. 422) ; Céphise fait valoir à Andromaque les avantages d'un mariage avec Pyrrhus (v. 1055-1061). Aux amants obnubilés, le confident suggère une **vision différente** de l'autre : Cléone incite sa maîtresse à regarder Andromaque autrement qu'en rivale (v. 449-455), à voir en Oreste une victime (v. 835) et Pylade plaint Pyrrhus qu'Oreste exècre (v. 736).

Car tandis que le héros évolue dans l'absolu de la passion, le confident navigue dans les eaux plus troubles du relatif, faisant preuve de pragmatisme dans les situations les plus délicates ou les plus désespérées. Il prêche l'**apaisement** (quitte à paraître céder, comme Pylade, v. 716, 786) ou l'**espérance** (comme

Céphise, v. 896). Aux résolutions radicales, il oppose un **compromis** ou un stratagème rassurants : à Oreste déterminé à enlever Hermione au péril de sa vie (v. 100, 714), Pylade conseille la feinte (v. 134-140) et la dissimulation (v. 719, 800) ; Céphise enjoint à la trop fidèle Andromaque de mettre un terme à son veuvage (v. 981-983).

L'expression du doute et de l'inquiétude

La sollicitude du confident le pousse à exprimer des **craintes** ou des **avertissements** discrets pour ramener le héros à la réalité et prévenir le malheur. Dès la première scène, Pylade émet des **hypothèses pessimistes** pour détourner Oreste de sa passion (v. 119-122) ; à deux reprises, Cléone fait entendre ses inquiétudes devant le mutisme « funeste » d'un protagoniste (v. 834, 1130-1142) ; quant à Phœnix, prenant au sérieux les menaces d'Hermione, il avertit Pyrrhus du danger encouru (v. 1386-1391) : les points de suspension du vers 1391 cristallisent son angoisse et celle du spectateur. Mais Pyrrhus et Hermione, tout à leur passion dévorante, ignorent ces avertissements.

Les calculs de la prudence sont ainsi balayés par la force irrésistible des passions.

UNE RHÉTORIQUE TORTURÉE

Comment cette violence des passions se traduit-elle dans les alexandrins d'une tragédie classique ?

La perturbation de la syntaxe

Le trouble des personnages est sensible à travers le type de phrases qu'ils emploient. L'abondance des **interrogations** et des **exclamations** exprime avec une énergie particulière des émotions subites et violentes. Comme l'écrit Jean Starobinski : « Le caractère commun de l'amour et de la haine, chez Racine, c'est que tous deux s'expriment par la tournure interrogative […]. Les personnages s'y affrontent en s'interrogeant sans relâche… » (*L'Œil vivant*, Gallimard, « Tel Quel », p. 83).

Dans *Andromaque*, le monologue d'Hermione (V, 1), rythmé par les multiples questions et exclamations, exprime son désarroi et son désespoir dans une situation inextricable dont elle est, elle-même, responsable. Les **interjections** parsèment également les propos désespérés (v. 322, 456, 873, 1018…). Les **points de suspension** enfin, qui provoquent une interruption dans le discours, reproduisent l'effet d'une émotion violente (Oreste : v. 134, 825, 1202). La perturbation affective est perceptible aussi dans l'emploi changeant des **pronoms** : Hermione, affolée par la trahison de Pyrrhus, laisse parler alternativement l'amour désespéré et la rage froide, en oscillant entre le *vous* et le *tu* (IV, 5).

Rythmes et répétitions

Si les discours passionnels ne sont pas toujours lucides, en revanche ils sont souvent poétiques, et cela est surtout sensible à la représentation.

La passion n'adopte pas un discours uniforme, mais un langage nerveux et un **rythme saccadé** : le trouble ou le désespoir hache l'alexandrin en segments brefs (v. 253, 359, 373, 1565, 1597), ou le disloque sur plusieurs répliques (on obtient alors un effet de stichomythie : v. 1172-1173), tandis que le rejet souligne une rupture du discours (v. 601, 607, 1195).

De même, la **répétition** joue un rôle important, qu'il s'agisse de se persuader (v. 1404, 1418), ou de supplier son interlocuteur (v. 958-959) ; elle scande le récit des souvenirs horrifiés d'Andromaque (v. 997, 1003) et peut prendre l'apparence de l'accumulation (v. 1154-1155), de la gradation (v. 321, 1562-1563) ou de l'anaphore, qui martèle le discours de l'esprit ébranlé (v. 1006-1008, 1188-1189, ou 1206-1208).

Les figures de la passion

D'autres procédés permettent aux protagonistes d'exprimer la violence de leurs sentiments. Pour prendre à partie son interlocuteur ou pour tenter d'attirer son attention, l'amant dispose

de l'**apostrophe**, appelée « figure de passion » au XVIIᵉ siècle :
elle peut se réduire à un adjectif bref mais éloquent (« cruelle »,
v. 825 ou 1356 ; « perfide », v. 1375) ou prendre l'apparence
d'une image impressionnante (au v. 1045, Andromaque
s'adresse aux cendres d'Hector comme à une personne : « Ô
cendres d'un époux ! »).

De plus, au cours d'un entretien mouvementé, pour donner
plus de poids à leurs assertions, les protagonistes ont tendance à
employer l'**hyperbole** : ils utilisent, par exemple, des termes
intensifs pour exagérer leurs sentiments (au v. 483, Oreste
« adore » les attraits d'Hermione), ou leur adjoignent des
adverbes intensifs (« si », « tout ») ou des nombres importants
pour renforcer l'effet du pluriel (v. 535 : « Vous que mille vertus me forçaient d'estimer » ; ou v. 284). Enfin, les contradic-
tions occasionnées par la perte de la lucidité ou de la maîtrise de
soi suscitent des **paradoxes** (v. 1041 : « L'amour peut-il si loin
pousser sa barbarie ? » ; ou v. 1613, 1620) ou des **antithèses**
(v. 1617 : « Ta haine a pris plaisir à former ma misère »).

Une poésie cruelle

Racine est poète autant que dramaturge. La tragédie
d'*Andromaque* est fertile en images comme en effets musicaux.
Les images font souvent référence à la destruction – même pour
évoquer l'amour –, soit avec des **métaphores** du feu (v. 320 :
« Brûlé de plus de feux que je n'en allumai » ; Pyrrhus joue ici
sur l'image de l'incendie, en comparant l'intensité de la passion
qui le dévore aux ravages qu'il a fait subir à Troie ; voir aussi
v. 468, 576) et du sang (« […] et la Phrygie/Cent fois de votre
sang a vu ma main rougie. », v. 314), soit avec la **métonymie** du
fer (v. 1004 : « Dans la flamme étouffés, sous le fer expirants »,
ou v. 1034). Ainsi naissent de véritables **tableaux** qui recréent
pour le spectateur des scènes anciennes (III, 6 et 8 ; IV, 5) où la
vision le dispute parfois à l'hallucination.

Enfin, parce que le théâtre est conçu pour être prononcé et
entendu, le texte tragique nous séduit par sa **musicalité** :

on peut mentionner l'allitération du vers 1638, qui exprime phoniquement l'hallucination d'Oreste (« Pour qui sont ces serpents qui sifflent sur vos têtes ? ») ; les tableaux de Troie incendiée abondent aussi en sonorités rocailleuses et dures (v. 993-994 : « Dois-je oublier Hector privé de funérailles,/ Et traîné sans honneur autour de nos murailles ? »), tandis que la musique des mots se fait plus douce et plus claire lorsqu'Andromaque parle d'Hector ou d'Astyanax (v. 260 ou 878 : « Laissez-moi le cacher en quelque île déserte. »)

Le style de Racine dans *Andromaque* marie donc bien la poésie et la tragédie ; il illustre d'ores et déjà l'idéal esthétique qu'il exprimera dans la préface de *Bérénice* en formulant le désir d'une « action simple, soutenue de la violence des passions, de la beauté des sentiments et de l'élégance de l'expression ».

LA STRUCTURE D'*ANDROMAQUE*

PERSONNAGES	ACTE I Nombre de vers				Total		ACTE II Nombre de vers					Total		ACTE III Nombre de vers								Total	
	SCÈNE 1	SCÈNE 2	SCÈNE 3	SCÈNE 4	Nombre de vers	Nombre de scènes	SCÈNE 1	SCÈNE 2	SCÈNE 3	SCÈNE 4	SCÈNE 5	Nombre de vers	Nombre de scènes	SCÈNE 1	SCÈNE 2	SCÈNE 3	SCÈNE 4	SCÈNE 5	SCÈNE 6	SCÈNE 7	SCÈNE 8	Nombre de vers	Nombre de scènes
ANDROMAQUE				55	55	1						0	0				22	1	38	0	55	116	5
PYRRHUS		65	7	71	143	3				18	60	78	2						16	30		46	2
ORESTE	85	41			126	2		61	14	2		77	3	59	14							73	2
HERMIONE					0	0	66	53				119	2		14	19	6					39	3
PYLADE	57				57	1						0	0	37								37	1
CLÉONE					0	0	26	0				26	2		0	7	0					7	3
CÉPHISE				0	0	1					24	24	2				0	3	2	0	17	22	5
PHŒNIX		0	3		3	2						0	0						2			2	1
Total de vers	142	106	10	126	384		92	114	14	20	84	324		96	28	26	28	4	56	30	72	342	

PERSONNAGES	ACTE IV								ACTE V							TOTAL PIÈCE	
	Nombre de vers						Total		Nombre de vers					Total		Nombre de vers	Nombre de scènes
	SCÈNE 1	SCÈNE 2	SCÈNE 3	SCÈNE 4	SCÈNE 5	SCÈNE 6	Nombre de vers	Nombre de scènes	SCÈNE 1	SCÈNE 2	SCÈNE 3	SCÈNE 4	SCÈNE 5	Nombre de vers	Nombre de scènes		
ANDROMAQUE	57						57	1						0	0	228	7
PYRRHUS					49	1	50	2						0	0	317	9
ORESTE			44				44	1			42	18	35	95	3	415	11
HERMIONE		1	64	17	63		145	4	37	33	30			100	3	403	12
PYLADE							0	0					31	31	1	125	3
CLÉONE		16	0	3			19	3		30	0			30	2	82	10
CÉPHISE	24						24	1						0	0	46	7
PHŒNIX					0	5	5	2						0	0	34	7
Total de vers	81	17	108	20	112	6	344		37	63	72	18	66	256		1648	

LES THÈMES

AMOUR : LES EXTRÉMITÉS DE LA PASSION

Dans *Andromaque*, toute passion amoureuse est portée à son paroxysme pour aboutir à des conséquences tragiques, souvent suscitées par la jalousie. Racine a donc une conception **pessimiste** de l'amour qui, non partagé, peut se transformer en haine destructrice.

La passion des personnages est **indestructible** : celle d'Oreste comme celle d'Hermione est ancienne (v. 40, 1423-1426) et irréductible aux humiliations (v. 495-496, 1359-1360, 1365, 1368) ; celle d'Andromaque demeure vivace au-delà de la mort de son époux.

En outre, la passion amoureuse est caractérisée par le **paradoxe** : elle incite à des actions déraisonnables, dégradantes. Ainsi, Pyrrhus est épris d'Andromaque au point de discréditer son image de souverain ; et cet « amour servile » est à l'origine de ses parjures et de ses trahisons politiques (v. 961). La jalousie d'Hermione lui fait ordonner le meurtre de celui qu'elle idolâtre (v. 1422), et Oreste obtempère pour lui plaire, quoique le régicide lui répugne. De plus, la lucidité des personnages sur ces incohérences les rend pathétiques et tragiques : entraînés par un sentiment qui les dépasse, ils s'abandonnent à la fatalité, sans souci de la dignité qu'exige leur rang.

Un personnage reste à part dans cette chaîne amoureuse : Andromaque est elle aussi déchirée, mais par deux amours liées ; le conflit entre la fidélité conjugale et le sentiment maternel, seul dilemme véritable de la pièce, l'élève au-dessus des autres protagonistes. Et pourtant, il paraît mener à la mort comme les autres...

FATALITÉ : UN ACHARNEMENT SANS MERCI

Chez les Grecs, le tragique était étroitement lié au religieux : la fatalité s'abat sur un personnage et sa famille à la suite d'un crime qui a déplu aux dieux. L'homme ne saurait échapper à leur haine implacable : le sang qui a été répandu retombe indéfiniment sur sa descendance.

Dans *Andromaque*, Oreste, issu de la lignée des Atrides, subit une malédiction divine qui remonte à son grand-père Atrée. Celui-ci avait fait manger à son frère Thyeste deux de ses propres enfants. La malédiction de Thyeste s'étendit sur les descendants d'Atrée. Ainsi, son fils Agamemnon tua son oncle Thyeste pour s'emparer de son trône. Agamemnon fut à son tour assassiné par son épouse Clytemnestre, aidée de son amant Égisthe, fils de Thyeste, qui convoitait le trône. Enfin, ces régicides furent eux-mêmes massacrés par Oreste, fils d'Agamemnon et de Clytemnestre. Oreste est conscient de cette malédiction et l'accepte (v. 98). Pourtant, cela n'empêche pas des sursauts de révolte ; il décide alors d'agir de façon à mériter les châtiments qu'il subit (v. 772, 777, 778). Et lorsque la tragédie est consommée, il éclate en imprécations ironiques (v. 1613-1619). Le tragique réside aussi dans cette conscience d'appartenir à une lignée maudite.

FIDÉLITÉ : LA RIGUEUR ET L'INCONSTANCE

Andromaque pourrait être la tragédie de la **parole donnée** que l'on respecte ou que l'on viole, en politique comme en amour.

Dans le domaine politique, en raison de ses volte-face successives, Pyrrhus se déconsidère. Il n'hésite pas à se dédire d'un acte à l'autre au sujet du sort d'Astyanax (v. 217, 614, 1053) et bafoue ses engagements envers les Grecs.

En amour, le roi montre la même inconstance à l'égard de ses promesses de mariage à Hermione : aussi les accusations d'infidélité reviennent-elles sans cesse dans les propos de la princesse (v. 1313 à 1322). Mais celle-ci joue aussi avec les sentiments d'Oreste : tantôt elle se dit prête à le suivre (v. 590, 1254), tantôt elle l'éconduit insolemment (v. 819, 1536).

En fait, les discours peuvent changer au gré des circonstances, il ne s'agit que d'apparences. La passion, bien réelle, demeure inaltérable. Mais leurs revirements constituent des péripéties qui maintiennent la tension de l'intrigue.

En face de ces incohérences, seule Andromaque se montre d'une fidélité indéfectible à son époux Hector (v. 865-866). Désespérée par le dilemme que lui impose Pyrrhus, elle choisit le sacrifice pour sauver le souvenir de son amour en même temps que la vie de son fils.

FOLIE : ALIÉNATION OU FUREUR ?

Andromaque est un drame violent qui mène certains personnages aux confins de la démence.

Oreste a un naturel « mélancolique » (v. 17) – nous dirions aujourd'hui dépressif et instable – qui le prédispose à mal supporter les chocs psychologiques. Hermione aussi oublie mesure et dignité, dans son désespoir de se voir abandonnée par Pyrrhus. Ils perdent alors le contrôle d'eux-mêmes : Oreste dérive du monde de la raison (v. 712, 725) ou montre une tendance paranoïaque (il a la manie de la persécution : v. 737-740). Dans sa rage contre l'« infidèle », Hermione a des accents hystériques (IV, 5). Enfin, au dernier stade, Oreste bascule dans la démence ; il est entraîné dans l'obscurité de la folie (v. 1625) et, victime d'hallucinations (v. 1628, 1629, 1633), dans un « dialogue solitaire » horrible et pathétique à la fois.

Au milieu des mêmes angoisses et tourments, Pyrrhus et Andromaque gardent leur lucidité. La passion contrariée ne conduit donc pas inéluctablement à la folie. Pour Oreste, la malédiction des Atrides[1] joue sans doute un rôle déterminant. Mais la déraison peut aussi découler chez Hermione et Oreste d'un constat d'impuissance dans une situation où ils sont politiquement inférieurs, et d'un caractère moins noble, qui se révèle dans leur comportement amoureux.

---

1. Voir p. 166-167, fatalité.

GUERRE : UN SPECTRE OMNIPRÉSENT

Les protagonistes d'*Andromaque* sont directement issus des belligérants de la guerre de Troie, et l'impact de ce conflit fabuleux reste vivace. C'est pourquoi les tableaux de batailles abondent dans la tragédie. La chute et l'anéantissement de la ville sont mentionnés dès les scènes d'exposition (v. 185-186, 201-202).

La vision des faits diffère selon le personnage qui les rappelle et selon le camp auquel il appartient. Ainsi, pour Andromaque, c'est le traumatisme de l'extermination des siens – et surtout le martyre d'Hector – qui subsiste en un « souvenir cruel » (v. 359). Dans son discours, ce sont des images de sang et de feu qui dominent, scandées par le rythme de l'anaphore. Se superposant à ce tableau de massacre, l'image d'un Pyrrhus victorieux ne peut qu'aviver son aversion (v. 999-1002). Hermione met au contraire en relief le côté lumineux et enthousiasmant du combat où Pyrrhus s'est couvert de gloire (v. 465-467, 851-852).

Mais la guerre est aussi une **menace** qui pèse sur l'avenir. Dès la scène 2 de l'acte I, Pyrrhus est conscient des risques qu'il fait courir à l'Épire en prenant la défense d'Astyanax (v. 230-232). Enfin, au dernier acte, la confusion qui suit son assassinat laisse planer la menace d'un conflit entre l'Épire et les Grecs (v. 1586-1592).

JALOUSIE : TOURMENT ET AVILISSEMENT

La jalousie est indissociable de la passion amoureuse chez Racine. L'amant malheureux ressent cette douleur violente et dégradante, aux conséquences souvent meurtrières. Dans *Andromaque*, la plupart des protagonistes éprouvent ses tourments, puisqu'elle est une conséquence directe du schéma des « passions fuyantes » : Oreste est jaloux de Pyrrhus (v. 537-538, 560), ce qui lui suggère des pensées criminelles (v. 733) ; Hermione est jalouse d'Andromaque et, furieuse contre l'« infidèle » Pyrrhus (v. 1327-1328), rumine aussi des pensées homicides à son égard (v. 1227, 1243-1244).

La jalousie joue un rôle **dramatique** primordial dans la tragédie : elle dicte aux personnages des décisions irréfléchies et irrémédiables. Sous son impulsion, Hermione ordonne le meurtre de Pyrrhus (IV, 3) ; mais lorsqu'elle a retrouvé ses esprits, elle reste horrifiée devant sa propre sentence (v. 1393, 1430, 1525).

MORT : SOUVENIR, MENACE, RÉALITÉ

La mort est partout présente dans la tragédie : son ombre plane sur les quatre premiers actes, pour se réaliser dans le dernier. Elle constitue l'élément indispensable du dénouement, provoquant « terreur et pitié » chez les spectateurs.

Dans *Andromaque*, la mort est racontée par les personnages qui font sans cesse allusion à leur passé commun : la guerre de Troie. Andromaque est obsédée par la mort d'Hector ; elle revit constamment la journée du combat (v. 1018-1019), mais elle a aussi une tendance morbide à vivre en présence de son époux défunt : sa visite au tombeau vise à « consulter » Hector, et sur scène elle s'adresse à lui comme s'il était vivant (v. 940-944, 1045). La mort des autres Troyens s'impose aussi à sa mémoire comme un cauchemar durable (v. 929-930, 1001-1005). De même, Hermione rappelle ses crimes à Pyrrhus (v. 1333-1339). Une atmosphère funèbre baigne le drame et les **souvenirs** hallucinés contribuent à la création du pathétique.

La mort est aussi une **menace** : elle pèse pendant toute la pièce sur le sort d'Astyanax. Selon l'attitude d'Andromaque, Pyrrhus joue avec la vie de l'enfant (v. 369-370, 614, 900) et Andromaque se lamente sur le malheur de son fils innocent (v. 373, 376, 897). À partir de l'acte IV, les « morts annoncées » se multiplient : suicide d'Andromaque (v. 1072, 1093-1094, 1099), exécution de Pyrrhus (v. 1172, 1230, 1244, etc.), suicide d'Hermione (v. 1245-1248).

Enfin, le dénouement **réalise** certaines morts, mais non comme on l'attendait. Andromaque et Astyanax sont épargnés ; en revanche, Pyrrhus est assassiné conformément aux ordres d'Hermione (v. 1494-1495) et celle-ci se poignarde sur le corps de son amant (v. 1610-1612). Le sort d'Oreste demeure quant à lui incertain devant la révolte suscitée par le régicide (v. 1583-1584, 1591-1592).

POUVOIR : UNE RÉALITÉ OU UNE APPARENCE ?

La situation politique des personnages (roi, princesse, reine captive, ambassadeur) détermine entre eux des rapports d'autorité. Mais les rapports amoureux viennent parfois bouleverser les hiérarchies.

Le **pouvoir politique** est essentiellement détenu par Pyrrhus, qui règne **directement** sur tous les personnages de la pièce. Il manifeste ses prérogatives royales en disposant des entrées et sorties des personnages (v. 247-248, 623) ; il emploie alors des tournures d'injonction : l'impératif (v. 380-384), le subjonctif (v. 217-218, 230-231) ou le futur de l'indicatif à valeur d'avertissement (v. 370). Oreste et Hermione exercent un pouvoir plutôt **indirect** : Oreste, en tant qu'ambassadeur, possède sur Pyrrhus un moyen de pression (la menace des Grecs : I, 2), tandis qu'Hermione, fille de roi, fait sentir avec insolence à Andromaque qu'elle n'est plus qu'une captive (III, 4).

En revanche, si l'on considère le **pouvoir amoureux**, les rapports de force entre les personnages s'inversent. Andromaque se situe au sommet de la pyramide amoureuse, n'ayant rien à espérer de personne ; en face d'elle, Pyrrhus est en position de suppliant (v. 258-259, 290, 293-296), et les autres personnages sont suspendus à sa prise de position. L'amour et la politique exercent donc une sorte de chantage réciproque. Hermione joue aussi du « pouvoir de ses charmes » sur Oreste, mais son comportement manque de noblesse : elle le commande d'abord sans ménagement (v. 1157, 1172, 1174, 1222) et l'insulte ensuite (v. 1533, 1564). Son impuissance face à Pyrrhus motive en fait sa dureté envers Oreste.

Car le **langage du pouvoir** ne coïncide pas toujours avec sa réalité : Pyrrhus est d'autant plus cassant ou plus menaçant avec Andromaque qu'il sent son pouvoir sans effet ou qu'il craint de n'être pas obéi. Le langage du pouvoir peut donc être utilisé comme une tactique : effrayer son adversaire pour parvenir à ses fins (III, 6).

Enfin, le langage impérieux et les motifs officiels cachent souvent des **motifs passionnels**. Pyrrhus attribue son revirement à une réflexion sur sa dignité de souverain (v. 609-610) alors que ce n'est qu'un moyen de pression sur Andromaque ; de même, lorsque Hermione annonce à Oreste son mariage avec Pyrrhus (v. 821-822). Les arguments politiques servent donc à déguiser le langage des passions.

SOUVENIR : UN PASSÉ DÉTERMINANT

Dans la tragédie plus que partout ailleurs « nos actes nous suivent » : tragique et passé sont donc étroitement associés par le biais du **souvenir**.

Les allusions au passé, collectif ou individuel, abondent dans *Andromaque*. Le souvenir de **la guerre de Troie** plane constamment sur la pièce. Ses images glorieuses ou traumatisantes, notamment les évocations hallucinatoires du sac de Troie (v. 928-930, v. 992-1007, v. 1333-1340), hantent tous les personnages : Oreste (I, 2), Pyrrhus (v. 197, v. 199-200), Hermione (v. 840-844), et surtout Andromaque (v. 359). Autre souvenir marquant, la naissance d'une passion : celle d'Oreste pour Hermione (v. 40 et *sqq*), d'Hermione pour Pyrrhus (I, 1), les fiançailles d'Hermione et de Pyrrhus (v. 1283-1296). Astyanax, enfin, est pour Andromaque un souvenir vivant, la trace d'un passé irrémédiablement enfui, « reste » de toute une lignée (« sang ») et d'un époux prestigieux (v. 262, v. 652-654), « l'image d'Hector » (v. 1016).

Heureux, le souvenir engendre la nostalgie poignante du bonheur passé, il donne de la force à Andromaque pour affronter son malheur et le cruel dilemme que lui impose Pyrrhus. Elle y puise sa révolte contre lui (« Et quel époux encore ! [...] Sa mort seule a rendu votre père immortel. », v. 359-360), sa dignité dans l'abaissement même devant sa rivale Hermione III, 4) ou dans ses prières à Pyrrhus (III, 6). Mais cultivé avec complaisance, le souvenir aggrave aussi la souffrance : ainsi Oreste ressasse les maux qui l'ont accablé (v. 40-64), Andromaque mesure sa détresse présente (v. 1018).

Enfin, le souvenir est **exigeant** : il rappelle sans cesse ce qu'on doit au passé, l'importance du devoir de mémoire et de la notion de **filiation** : « je suis fils d'Achille », déclare Pyrrhus (v. 662), comme Hermione se dit « fille d'Hélène » (v. 1320). L'oubli par Pyrrhus de ses origines, et donc de ses engagements auprès des Grecs et d'Hermione, est une erreur tragique (v. 69, v. 155), un parjure inexcusable (v. 1313-1326). D'ailleurs, le souvenir est intimement lié à la **fidélité** : il est au cœur du dilemme d'Andromaque, puisque le souvenir d'Hector la lui prescrit, tandis que la vie d'Astyanax réclame l'oubli des crimes de Pyrrhus, c'est-à-dire une véritable trahison : « Dois-je les oublier [...] ? », proteste par trois fois l'héroïne (v. 992-995, III, 8). Alors s'affirme le caractère inexpiable de la haine léguée par cet héritage : « Trop de haine sépare Andromaque et Pyrrhus » (v. 663).

Ainsi, le souvenir joue un rôle dans le destin qui pèse sur les personnages. Capital au moment où l'action s'engage, il s'estompe dans les actes IV et V. Désormais rattrapés par le passé, les héros ne peuvent plus envisager leur sort que dans l'urgence du dénouement.

Quelques insensés
avant et après *Andromaque*

CERVANTÈS, *DON QUICHOTTE*, 1605

Un autre ton : les fantaisies de l'identification
romanesque

Don Quichotte, un noble oisif, s'est adonné à la lecture des romans de chevalerie avec tant d'intérêt qu'il en a oublié toute autre activité, et a peu à peu perdu contact avec la réalité...

« Enfin, notre hidalgo[1] s'acharna tellement à sa lecture que ses nuits se passaient en lisant du soir au matin, et ses jours, du matin au soir. Si bien qu'à force de dormir peu et de lire beaucoup, il se dessécha le cerveau, de manière qu'il vint à perdre l'esprit. Son imagination se remplit de tout ce qu'il avait lu dans les livres, enchantements, querelles, défis, batailles, blessures, galanteries, amours, tempêtes et extravagances impossibles ; et il se fourra si bien dans la tête que tout ce magasin d'inventions rêvées était la vérité pure qu'il n'y eut pour lui nulle autre histoire plus certaine dans le monde. Il disait que le Cid Ruy Diaz[2] avait sans doute été bon chevalier, mais qu'il n'approchait point du chevalier de l'Ardente-Épée, lequel, d'un seul revers, avait coupé par la moitié deux farouches et démesurés géants. Il faisait plus de cas de Bernard del Carpio, parce que, dans la gorge de Roncevaux, il avait mis à mort Roland l'enchanté, s'aidant de l'adresse d'Hercule quand il étouffa Antée, le fils de la Terre, entre ses bras. Il disait

---

1. **Hidalgo :** noble espagnol.
2. Seul ce personnage est historique. Tous les noms qui suivent sont empruntés aux légendes, à la mythologie ou aux époques médiévales.

grand bien du géant Morgan, qui, bien qu'issu de cette race géante, où tous sont arrogants et discourtois, était lui seul affable et bien élevé. Mais celui qu'il préférait à tous les autres, c'était Renaud de Montauban, surtout quand il le voyait sortir de son château, et détrousser autant de gens qu'il en rencontrait, ou voler, par-delà le détroit, cette idole de Mahomet, qui était toute d'or, à ce que dit son histoire. Quant au traître Ganelon, pour lui administrer une volée de coups de pied dans les côtes, il aurait volontiers donné sa gouvernante, et même sa nièce par-dessus le marché.

Finalement, ayant perdu l'esprit sans ressource, il vint à donner dans la plus étrange pensée dont jamais fou se fût avisé dans le monde. Il lui parut convenable et nécessaire, aussi bien pour l'éclat de sa gloire que pour le service de son pays, de se faire chevalier errant, de s'en aller par le monde, avec son cheval et ses armes, chercher les aventures, et de pratiquer tout ce qu'il avait lu que pratiquaient les chevaliers errants, redressant toutes sortes de torts, et s'exposant à tant de rencontres, à tant de périls qu'il acquit, en les surmontant, une éternelle renommée. Il s'imaginait déjà, le pauvre rêveur, voir couronner la valeur de son bras au moins par l'empire de Trébisonde[1]. Ainsi emporté par de si douces pensées et par l'ineffable attrait qu'il y trouvait, il se hâta de mettre son désir en pratique. La première chose qu'il fit fut de nettoyer les pièces d'une armure qui avait appartenu à ses bisaïeux, et qui, moisie et rongée de rouille, gisait depuis des siècles oubliée dans un coin. Il les lava, les frotta, les raccommoda du mieux qu'il put. »

Miguel de CERVANTÈS, *Don Quichotte de la Manche*, chap. I,
traduction de Louis Viardot © Flammarion, 1969.

QUESTIONS

1. Faites le relevé des actions suscitées par le dérangement psychologique de Don Quichotte. Les conséquences de sa passion sont-elles plus ou moins dangereuses que chez Oreste ? Pourquoi ?

2. Observez le ton et les expressions qui décrivent la folie de Don Quichotte. Comment le narrateur considère-t-il le personnage ?

---

1. Empire grec fondé au XIIIe siècle sur la terre turque. Il s'effondra en 1461 sous la puissance des Turcs.

SHAKESPEARE, *MACBETH*, 1606

Un autre contexte : le châtiment de lady Macbeth

Lady Macbeth s'est rendue complice des meurtres perpétrés par son mari pour accéder au trône royal. Mais, torturée par le remords, elle ne trouve plus le sommeil, et la vision du sang des victimes l'obsède...

« *Entre lady Macbeth avec un flambeau.*

LA DAME. Tenez, la voici qui vient ! C'est bien sa façon ; et, sur ma vie, profondément endormie. Observez-la : dissimulez-vous...

LE MÉDECIN. Comment s'est-elle procuré cette lumière ?

LA DAME. Mais, elle était à côté d'elle ; elle a de la lumière près d'elle continuellement ; c'est son ordre.

LE MÉDECIN. Vous voyez, ses yeux sont ouverts.

LA DAME. Oui. Mais leur sens est fermé...

LE MÉDECIN. Que fait-elle maintenant ? Voyez comme elle se frotte les mains.

LA DAME. C'est un geste qui lui est habituel d'avoir l'air de se laver les mains. Je l'ai vue continuer ainsi pendant un quart d'heure.

LADY MACBETH. Il y a toujours là une tache...

LE MÉDECIN. Écoutez ! elle parle. Je vais noter tout ce qu'elle dira pour fixer mieux mon souvenir.

LADY MACBETH. Va-t'en, tache damnée ! Va-t'en ! dis-je... Une ! deux ! eh bien, il est temps de le faire !... L'enfer est sombre !... Fi, monseigneur ! Fi, un soldat avoir peur !... Pourquoi redouter qu'on le sache, quand nul ne peut demander compte à notre puissance ?... Mais qui donc aurait cru que le vieillard eût encore tant de sang dans le corps !...

LE MÉDECIN. Remarquez-vous ceci ?

LADY MACBETH. Le thane[1] de Fife avait une femme : où est-elle à présent ?... Quoi ! ces mains-là ne seront jamais nettes ?...

---

1. **Thane** : titre du haut Moyen Âge anglais désignant un homme libre qui possédait une terre donnée par le roi ou un seigneur, en récompense de services rendus dans l'armée.

Assez, monseigneur, assez, vous perdez tout pour ces tressaillements !...

LE MÉDECIN. Allez ! allez ! vous avez entendu ce que vous ne deviez pas entendre.

LA DAME. Elle a dit ce qu'elle ne devait pas dire, j'en suis sûre... Dieu sait ce qu'elle a su...

LADY MACBETH. Il y a là toujours l'odeur du sang... Tous les parfums de l'Arabie ne purifieraient pas cette petite main-là !... Oh ! oh ! oh !

LE MÉDECIN. Quel soupir ! Le cœur est douloureusement chargé...

LA DAME. Je ne voudrais pas avoir un pareil cœur dans ma poitrine, pour toutes les dignités du corps tout entier.

LE MÉDECIN. Bien, bien, bien !

LA DAME. Priez Dieu qu'il en soit ainsi, monsieur...

LE MÉDECIN. Cette maladie dépasse ma science ; cependant, j'ai connu des gens qui se sont promenés dans leur sommeil et sont morts saintement dans leur lit.

LADY MACBETH. Lavez vos mains, mettez votre robe de nuit, ne soyez pas si pâle... Je vous le répète... Banquo est enterré ; il ne peut sortir de sa tombe...

LE MÉDECIN. Est-ce vrai ?

LADY MACBETH. Au lit ! au lit !... On frappe à la porte. Venez, venez, venez, venez, donnez-moi votre main. Ce qui est fait ne peut être défait... Au lit ! au lit ! au lit ! (*Sort lady Macbeth.*) »

William SHAKESPEARE, *Macbeth*, V, 1,
traduction de Maurice Maeterlinck, in *Œuvres complètes*, tome II,
« Bibliothèque de la Pléiade », 1959 © Éditions Gallimard.

QUESTIONS

1. Quelles anomalies le médecin et la dame observent-ils dans le comportement de lady Macbeth ? Que révèlent ces symptômes ? Qu'apporte la présence des deux témoins ?

2. Lady Macbeth a-t-elle conscience de la présence des autres personnages ? À qui (à quoi) s'adresse-t-elle ? Qu'en concluez-vous ?

3. Quelles sont les ressemblances et les différences entre lady Macbeth et Oreste dans les scènes 4 et 5 de l'acte V d'*Andromaque* ?

GOGOL, *LE JOURNAL D'UN FOU*, 1835

Une autre forme : la folie de vaine présomption

Auxence Ivanov, obscur fonctionnaire d'un ministère russe, perd progressivement la raison et se croit devenu… le roi d'Espagne Ferdinand VIII ! Enfermé à l'asile, il se persuade qu'il est prisonnier du Grand Inquisiteur. La dernière page de son journal intime témoigne de sa démence.

Jo 34ᴇ ur Ms nnaée ɹǝᴉɹʌǝℲ 349.

« Non, je n'ai plus la force d'endurer cela ! Mon Dieu ! que font-ils de moi ! Ils me versent de l'eau froide sur la tête. Ils ne m'écoutent pas, ne me voient pas, ne m'entendent pas. Que leur ai-je fait ? Pourquoi me tourmentent-ils ? Que veulent-ils de moi, malheureux ? Que puis-je leur donner ? Je n'ai rien.

Je suis à bout, je ne peux plus supporter leurs tortures ; ma tête brûle, et tout tourne devant moi. Sauvez-moi ! Emmenez-moi ! Donnez-moi une troïka de coursiers rapides comme la bourrasque ! Monte en selle, postillon, tinte, ma clochette ! Coursiers, foncez vers les nues et emportez-moi loin de ce monde ! Plus loin, qu'on ne voie rien, plus rien. Là-bas, le ciel tournoie devant mes yeux : une petite étoile scintille dans les profondeurs ; une forêt vogue avec ses arbres sombres, accompagnée de la lune ; un brouillard gris s'étire sous mes pieds ; une corde résonne dans le brouillard ; d'un côté la mer, de l'autre l'Italie ; tout là-bas, on distingue même les isbas russes. Est-ce ma maison, cette tache bleue dans le lointain ? Est-ce ma mère qui est assise devant la fenêtre ? Maman ! Sauve ton malheureux fils ! Laisse tomber une petite larme sur sa tête douloureuse ! Regarde comme on le tourmente ! Serre le pauvre orphelin contre ta poitrine ! Il n'a pas sa place sur la terre ! On le pourchasse ! Maman ! Prends en pitié ton petit enfant malade !… Hé, savez-vous que le dey[1] d'Alger a une verrue juste en dessous du nez ? »

Nicolas GOGOL, *Le Journal d'un fou*, traduction de Sylvie Luneau, « Folio », 1966, © Éditions Gallimard.

---

1. **Dey :** titre porté en Algérie par un haut fonctionnaire de la justice.

1. Quelles sont les principales formes de ponctuation employées dans ce texte ? Ont-elles le même effet que dans un monologue au théâtre ? Pourquoi ?

2. Distinguez les expressions de la folie et celles de la raison. Dans quelle proportion apparaissent-elles respectivement ? Qu'en concluez-vous ?

3. En quoi ce personnage est-il très différent d'Oreste ?

ZOLA, *L'ASSOMMOIR*, 1877

Une autre cause : les « fureurs » de l'alcoolisme

Devenu alcoolique et atteint de delirium tremens, Coupeau a été enfermé à l'asile ; on le voit ici en proie à un accès violent où les hallucinations se multiplient.

« Coupeau, cependant, se plaignait d'une voix sourde. Il semblait souffrir beaucoup plus que la veille. Ses plaintes entrecoupées laissaient deviner toutes sortes de maux. Des milliers d'épingles le piquaient. Il avait partout sur la peau quelque chose de pesant ; une bête froide et mouillée se traînait sur ses cuisses et lui enfonçait des crocs dans la chair. Puis, c'étaient d'autres bêtes qui se collaient à ses épaules, en lui arrachant le dos à coups de griffes.

— J'ai soif, oh ! j'ai soif ! grognait-il continuellement. [...]

Alors, l'interne, sur un signe du médecin, voulut lui faire boire de l'eau, sans lâcher la carafe. Cette fois, il avala la gorgée, en hurlant, comme s'il avait avalé du feu.

— C'est de l'eau-de-vie, nom de Dieu ! c'est de l'eau-de-vie !

Depuis la veille, tout ce qu'il buvait était de l'eau-de-vie. Ça redoublait sa soif, et il ne pouvait plus boire, parce que tout le brûlait. On lui avait apporté un potage, mais on cherchait à l'empoisonner bien sûr, car ce potage sentait le vitriol. Le pain était aigre et gâté. Il n'y avait que du poison autour de lui. La cellule puait le soufre. Même il accusait des gens de frotter des allumettes sous son nez pour l'empester.

Le médecin venait de se relever et écoutait Coupeau, qui maintenant voyait de nouveau des fantômes en plein midi. Est-ce qu'il ne croyait pas apercevoir sur les murs des toiles d'araignées grandes comme des voiles de bateau ! Puis, ces toiles devenaient des filets avec des mailles qui se rétrécissaient et s'allongeaient, un drôle de joujou ! Des boules noires voyageaient dans les mailles, de vraies boules d'escamoteurs, d'abord grosses comme des billes, puis grosses comme des boulets ; et elles enflaient, et elles maigrissaient, histoire simplement de l'embêter. Tout d'un coup, il cria :

— Oh ! les rats, v'là les rats, à cette heure !

C'étaient les boules qui devenaient des rats. Ces sales animaux grossissaient, passaient à travers le filet, sautaient sur le matelas, où ils s'évaporaient. Il y avait aussi un singe, qui sortait du mur, qui rentrait dans le mur, en s'approchant chaque fois si près de lui, qu'il reculait, de peur d'avoir le nez croqué. Brusquement, ça changea encore ; les murs devaient cabrioler, car il répétait, étranglé de terreur et de rage :

— C'est ça, aïe donc ! secouez-moi, je m'en fiche !... Aïe donc ! la cambuse ! aïe donc ! par terre !... Oui, sonnez les cloches, tas de corbeaux ! jouez de l'orgue pour m'empêcher d'appeler la garde !... Et ils ont mis une machine derrière le mur, ces racailles ! Je l'entends bien, elle ronfle, ils vont nous faire sauter... Au feu ! nom de Dieu ! au feu. On crie au feu ! voilà que ça flambe. Oh ! ça s'éclaire, ça s'éclaire ! tout le ciel brûle, des feux rouges, des feux verts, des feux jaunes... À moi ! au secours ! au feu !

Ses cris se perdaient dans un râle. Il ne marmottait plus que des mots sans suite, une écume à la bouche, le menton souillé de salive. »

Émile ZOLA, L'Assommoir, chap. XIII, 1877.

QUESTIONS

1. À quoi voit-on que dans ce texte la folie est considérée comme une maladie ? Sur quels aspects Zola met-il l'accent ? Pourquoi manquent-ils chez Racine ?

2. Comparez le discours de Coupeau avec celui d'Oreste (V, 5) : quelles ressemblances et quelles différences observez-vous ?

1. « La folie, c'est la force la plus pure, la plus totale du quiproquo : elle prend le faux pour le vrai, la mort pour la vie, l'homme pour la femme… » En quoi les textes du corpus illustrent-ils cette affirmation de Michel Foucault ? Quelles significations peut-on accorder à ce quiproquo ?

2. Étudiez les formes de la paranoïa dans les textes de Gogol et de Zola. Vous expliquerez par quels moyens (indices d'énonciation, types de discours, modes de narration, etc.) les deux romanciers font partager au lecteur l'intolérable souffrance de leurs personnages.

Le récit visionnaire dans la tragédie aux XVIᵉ et XVIIᵉ siècles

GARNIER, *HIPPOLYTE*, 1573

Autre terreur nocturne : le songe prémonitoire

Hippolyte raconte son rêve : dans un obscur « val ombreux », « un grand Lion affreux » a terrorisé et mis en fuite ses chiens. Dans l'exposition de la tragédie, ce songe est un mauvais présage : le héros affrontera à la fin un taureau monstrueux et sera piétiné par ses propres chevaux.

« J'empoigne mon épieu, dont le fer qui flamboie
Devant mon estomac, me découvre la voie :
Je descends jusqu'au bord, où soudain j'aperçoi
Ce grand Lion pattu qui décoche[1] sur moi,

---

1. **Décoche :** s'élance, se précipite.

Dégorgeant un tel cri de sa gueule béante,
Que toute la forêt en résonne tremblante,
Qu'Hymette[1] en retentit, et que les rocs, qui sont
Au bord Thriasien[2], en sourcillent le front.
Ferme je me roidis, adossé d'une souche
Avancé d'une jambe, et à deux bras je couche
Droit à lui mon épieu, prêt à lui traverser
La gorge ou l'estomac, s'il ne cuide[3] avancer.
Mais las, peu me servit cette brave assurance !
Car lui sans faire cas du fer que je lui lance,
Non plus que d'un fétu que j'eusse eu dans la main,
Me l'arrache de force, et le rompt tout soudain :
Me renverse sous lui, me traînasse et me boule[4],
Aussi facilement qu'il eût fait d'une boule.
Jà[5] ses griffes fondaient dans mon estomac nu,
L'écartelant sous lui comme un poulet menu
Qu'un Milan a ravi[6] sous l'aile de sa mère,
Et le va déchirant de sa griffe meurtrière :
Quand vaincu de tourment je jette un cri si haut
Que j'en laisse mon songe, et m'éveille en sursaut,
Si froid et si tremblant, si glacé par la face,
Par les bras, par le corps, que je n'étais que glace.

Je fus longtemps ainsi dans mon lit étendu,
Regardant çà et là comme un homme éperdu,
Que l'esprit, la mémoire, et le sens abandonne,
Qui ne sait ce qu'il est, ne connaît plus personne,

---

1. Montagne de Grèce.
2. **Thriasien :** de Thrie, bourg de l'Attique.
3. **Cuide :** cuider + infinitif : penser, croire ; *s'il ne cuide avancer :* si d'aventure il s'avance.
4. **Me boule :** me fait rouler.`
5. **Jà :** déjà.
6. **Ravi :** enlevé, emporté.

Immobile, insensible, élourdé[1], qui n'a plus
De pensement[2] en lui qui ne soit tout confus.
     Mais las ! ce n'est encor tout ce qui m'épouvante,
Tout ce qui me chagrine, et mon âme tourmente,
Ce n'est pas cela seul qui me fait tellement
Craindre je ne sais quoi de triste événement ! »

Robert GARNIER, Hippolyte, acte I, v. 197-232.

QUESTIONS

1. Étudiez les procédés et les effets de l'*hypotypose** dans le songe d'Hippolyte.

2. Quelles différences de forme et de fond ce discours présente-t-il avec celui d'Andromaque (v. 992-1011) ?

CORNEILLE, ATTILA, 1667

Autre récit sanglant : la mort du tyran

Attila, roi des Huns et « fléau de Dieu », mourut, selon les historiens, d'un saignement de nez. Cette mort dérisoire, signe du châtiment divin de sa cruauté, est racontée à la fin de cette dernière tragédie de Corneille par le roi des Ostrogoths, ennemi juré d'Attila.

VALAMIR

« Notre tyran n'est plus.

HONORIE
Il est mort ?

---

1. **Élourdé :** étourdi, fatigué.
2. **Pensement :** pensée.

VALAMIR

Écoutez
Comme enfin l'ont puni ses propres cruautés,
Et comme heureusement le ciel vient de souscrire
À ce que nos malheurs vous ont fait lui prédire.
À peine sortions-nous, pleins de trouble et d'horreur
Qu'Attila recommence à saigner de fureur,
Mais avec abondance, et le sang qui bouillonne
Forme un si gros torrent que lui-même il s'étonne.
Tout surpris qu'il en est : « S'il ne veut s'arrêter,
Dit-il, on me paiera ce qu'il va m'en coûter. »
Il demeure à ces mots sans parole, sans force,
Tous ses sens d'avec lui font un soudain divorce[1],
Sa gorge enfle, et du sang dont le cours s'épaissit,
Le passage se ferme, ou du moins s'étrécit[2].
De ce sang renfermé la vapeur en furie
Semble avoir étouffé sa colère et sa vie,
Et déjà de son front la funeste pâleur
N'opposait à la mort qu'un reste de chaleur[3],
Lorsqu'une illusion lui présente son frère,
Et lui rend tout d'un coup la vie et la colère :
Il croit le voir suivi des ombres de six rois,
Qu'il se veut immoler une seconde fois ;
Mais ce retour si prompt de sa plus noire audace
N'est qu'un dernier effort de la nature lasse,
Qui prête à succomber sous la mort qui l'atteint
Jette un plus vif éclat, et tout d'un coup s'éteint.
C'est en vain qu'il fulmine à cette affreuse vue :
Sa rage qui renaît en même temps le tue.
L'impétueuse ardeur de ces transports nouveaux

---

1. Tous ses sens l'abandonnent soudainement.
2. **S'étrécit :** rétrécit, se resserre.
3. **Chaleur :** colère.

À son sang prisonnier ouvre tous les canaux ;
Son élancement perce ou rompt toutes les veines,
Et ces canaux ouverts sont autant de fontaines
Par où l'âme et le sang se pressent de sortir,
Pour terminer sa rage et nous en garantir[1].
Sa vie à longs ruisseaux se répand sur le sable,
Chaque instant l'affaiblit, et chaque effort l'accable,
Chaque pas rend justice au sang qu'il a versé,
Et fait grâce à celui qu'il avait menacé.
Ce n'est plus qu'en sanglots qu'il dit ce qu'il croit dire :
Il frissonne, il chancelle, il trébuche, il expire,
Et sa fureur dernière, épuisant tant d'horreurs,
Venge enfin l'univers de toutes ses fureurs. »

Pierre CORNEILLE, *Attila*, V, 6, v. 1727-1768.

QUESTIONS

1. Relevez et commentez les procédés poétiques qui donnent de la force au récit de Valamir.

2. Comme Andromaque, Valamir fait le portrait de son ennemi : en quoi le regard des deux personnages sur cet ennemi diffère-t-il néanmoins ?

RACINE, *BRITANNICUS*, 1669

Autre tableau racinien : la rencontre nocturne

Néron a fait enlever Junie dont son demi-frère Britannicus est amoureux. Devant son confident médusé, l'empereur décrète qu'il « idolâtre Junie… pour toute [sa] vie ».

NARCISSE

« Vous l'aimez ?

---

1. **Garantir :** préserver.

NÉRON

Excité d'un désir curieux[1],
Cette nuit je l'ai vue arriver en ces lieux,
Triste, levant au ciel ses yeux mouillés de larmes,
Qui brillaient au travers des flambeaux et des armes :
Belle, sans ornements, dans le simple appareil[2]
D'une beauté qu'on vient d'arracher au sommeil.
Que veux-tu ? Je ne sais si cette négligence,
Les ombres, les flambeaux, les cris et le silence,
Et le farouche aspect de ses fiers[3] ravisseurs,
Relevaient de ses yeux les timides douceurs.
Quoi qu'il en soit, ravi[4] d'une si belle vue,
J'ai voulu lui parler, et ma voix s'est perdue :
Immobile, saisi d'un long étonnement[5],
Je l'ai laissé passer dans son appartement.
J'ai passé dans le mien. C'est là que, solitaire,
De son image en vain j'ai voulu me distraire[6] :
Trop présente à mes yeux je croyais lui parler ;
J'aimais jusqu'à ses pleurs que je faisais couler.
Quelquefois, mais trop tard, je lui demandais grâce ;
J'employais les soupirs, et même la menace.
Voilà comme, occupé[7] de mon nouvel amour,
Mes yeux, sans se fermer, ont attendu le jour.
Mais je m'en fais peut-être une trop belle image ;
Elle m'est apparue avec trop d'avantage :
Narcisse, qu'en dis-tu ? »

Jean RACINE, *Britannicus*, II, 2, v. 385-409.

---

1. **Excité d'un désir curieux** : poussé par la curiosité.
2. **Appareil** : tenue.
3. **Fiers** : cruels.
4. **Ravi** : porté à un état de bonheur suprême (sens fort).
5. **Étonnement** : stupéfaction.
6. **Distraire** : détourner.
7. **Occupé de** : absorbé par.

1. Qui est au centre du récit de Néron ? En quoi est-ce révélateur ?

2. En quoi les récits de Néron et d'Andromaque sont-ils diamétralement opposés ? Quels points communs présentent-ils cependant ?

RACINE, *ATHALIE*, 1691

Autre hallucination : le cauchemar obsédant

Pour éteindre à jamais la race de David, la reine Athalie, adonnée au culte païen de Baal, a fait massacrer tous ses petits-enfants. À son insu, Joas a échappé au massacre et a été élevé secrètement dans le temple de Jérusalem. Depuis quelques jours, Athalie est troublée par un songe inquiétant et funeste.

ATHALIE

« Je jouissais en paix du fruit de ma sagesse.

Mais un trouble importun vient depuis quelques jours

De mes prospérités interrompre le cours.

Un songe (me devrais-je inquiéter d'un songe ?)

Entretient dans mon cœur un chagrin qui le ronge.

Je l'évite partout, partout il me poursuit.

C'était pendant l'horreur d'une profonde nuit.

Ma mère Jézabel devant moi s'est montrée,

Comme au jour de sa mort pompeusement[1] parée.

Ses malheurs n'avaient point abattu sa fierté ;

Même elle avait encor cet éclat emprunté[2]

Dont elle eut soin de peindre et d'orner son visage,

Pour réparer des ans l'irréparable outrage.

Tremble, m'a-t-elle dit, *fille digne de moi.*

Le cruel Dieu des Juifs l'emporte aussi sur toi.

Je te plains de tomber en ses mains redoutables,

---

1. **Pompeusement :** magnifiquement.
2. **Emprunté :** artificiel.

Ma fille. En achevant ces mots épouvantables,
Son ombre vers mon lit a paru se baisser.
Et moi je lui tendais les mains pour l'embrasser[1].
Mais je n'ai plus trouvé qu'un horrible mélange
D'os et de chair meurtris, et traînés dans la fange,
Des lambeaux pleins de sang, et des membres affreux,
Que des chiens dévorants se disputaient entre eux.

ABNER

Grand Dieu !

ATHALIE

      Dans ce désordre à mes yeux se présente
Un jeune enfant couvert d'une robe éclatante,
Tels qu'on voit des Hébreux les prêtres revêtus.
Sa vue a ranimé mes esprits abattus.
Mais lorsque revenant de mon trouble funeste[2],
J'admirais sa douceur, son air noble et modeste,
J'ai senti tout à coup un homicide acier,
Que le traître en mon sein a plongé tout entier. »

Jean RACINE, *Athalie*, II, 5,
v. 484-514.

QUESTIONS

1. Comparez les deux visions du songe d'Athalie. En quoi s'opposent-elles ? En quoi se complètent-elles ?

2. Comparez l'expression de la hantise chez Andromaque et Athalie.

---

1. **Embrasser** : serrer dans ses bras.
2. **Funeste** : mortel.

Sujet de type bac

QUESTIONS

1. Comparez dans les textes du corpus le sujet et la situation d'énonciation du récit.

2. À partir du lexique, étudiez, dans *Hippolyte* et *Athalie*, comment s'exprime la puissance terrifiante du songe.

DISSERTATION

On a écrit qu'« en principe, le théâtre ne devrait pas comporter de récit, puisque sa nature est de tout nous montrer sur scène, par la parole ou le spectacle ». (Michel Viegnes) À partir de ce corpus, dites quelles fonctions vous voyez aux récits dans la tragédie des XVIe et XVIIe siècles.

COMMENTAIRE

Vous ferez le commentaire du récit de la mort d'Attila, en étudiant le traitement du thème du sang et la manière dont la fin d'Attila se trouve transfigurée.

ÉCRITURE D'INVENTION

Dans *Andromaque*, Pylade fait le récit de la mort d'Hermione aux vers 1604 à 1612. En vous inspirant du ton des récits visionnaires de Racine, imaginez, sous forme de prose, l'évocation hallucinée qu'Hermione aurait pu faire à l'avance de sa propre mort.

LECTURES D'*ANDROMAQUE*

Dans la querelle qui opposa les partisans de Corneille à *Andromaque*, Subligny joue un rôle important avec sa comédie critique et parodique de la tragédie de Racine (voir p. 24). Dans sa préface, Subligny assure qu'il a dénombré *près de trois cents* fautes : contre les bienséances, contre le bon sens, fautes de jugement ou fautes de style…

L'auteur met ici en scène deux partisans d'*Andromaque* : la comtesse, fervente admiratrice de Racine, et Éraste, défenseur grossier et maladroit de la tragédie.

LA VICOMTESSE

« J'aime tant la bonne foi de cette pauvre veuve, quand elle fait son testament, et qu'elle confie Astyanax à sa suivante, avant que de se tuer.

ÉRASTE

Hé bien, Madame, il y a eu des impertinents qui ont blâmé cela.

LA VICOMTESSE

Je le sais. Il y eut une petite créature qui trouva, hier, l'endroit délicat. Si j'avais, dit-elle, été à la place d'Andromaque, j'aurais voulu coucher deux ou trois nuits avec Pyrrhus, afin qu'il permît à Céphise de disposer de mon fils après ma mort ; l'impertinente !

ÉRASTE

Bon ! Madame. Si elle eût fait cela, l'envie de se tuer ne lui serait peut-être pas demeurée, et cela aurait gâté sa vertu.

LA VICOMTESSE

Vous avez raison, et en dépit de cette spirituelle, c'est un chef-d'œuvre surprenant que cette tragédie.

ÉRASTE

Surprenant ? autant qu'il puisse l'être. Vous y voyez une Hermione qui court un Pyrrhus, et tous deux avoir une telle sympathie l'un avec l'autre, que quand celle-là a fait une scène avec sa Cléone, celui-ci la double aussitôt avec Phœnix son précepteur. Elle et lui n'ont qu'une même pensée. Ils s'expriment avec les mêmes mots, et cependant ce Pyrrhus n'en aime pas plus cette Hermione ; est-il rien de si admirable et de si surprenant ? Après, Madame, j'ai ouï dire qu'Astyanax fut précipité du haut d'une tour par Ulysse ; mais dans cette comédie sa mère le sauve très subtilement et trompe cet Ulysse, qui était le plus fin diable qui fût en France.

LA VICOMTESSE

Vous voulez dire en Grèce.

ÉRASTE

En Grèce, en France ; qu'importe ; mais est-il rien de si surprenant ? »

SUBLIGNY, *La Folle Querelle ou la Critique d'*Andromaque, 1668.

Dans le *Génie du christianisme*, Chateaubriand exalte, contre les philosophes du XVIIIe siècle et à la suite de la tourmente révolutionnaire, les beautés morales et poétiques du christianisme. Dans la deuxième partie de l'ouvrage, l'auteur s'attache à démontrer la supériorité des œuvres inspirées par la religion chrétienne sur les œuvres païennes. Précurseur de la critique historique, il compare les *caractères naturels* (père, mère, fils…) dans les œuvres antiques et modernes. Le chapitre consacré au caractère de la mère est illustré par la figure d'Andromaque.

« L'Andromaque de Racine est plus sensible, plus intéressante que l'Andromaque antique. Ce vers si simple et si aimable :

Je ne l'ai point encor embrassé d'aujourd'hui,

est le mot d'une femme chrétienne : cela n'est point dans le goût des Grecs, et encore moins des Romains. L'Andromaque d'Homère gémit sur les malheurs futurs d'Astyanax, mais elle songe à peine à lui dans le présent ; la mère, sous notre culte, plus tendre, sans être moins prévoyante, oublie quelquefois ses chagrins, en donnant un baiser à son fils. Les anciens n'arrêtaient pas longtemps les yeux sur l'enfance ; il semble qu'ils trouvaient quelque chose de trop naïf dans le langage du berceau. Il n'y a que le Dieu de l'Évangile qui ait osé nommer sans rougir les *petits enfants (parvuli)*, et qui les ait offerts en exemple aux hommes.

[...]

Lorsque la veuve d'Hector dit à Céphise, dans Racine :

> *Qu'il ait de ses aïeux un souvenir modeste ;*
> *Il est du sang d'Hector, mais il en est le reste :*

qui ne reconnaît la chrétienne ? C'est le *deposuit potentes de sede*[1]. L'antiquité ne parle pas de la sorte, car elle n'imite que les sentiments *naturels* ; or, les sentiments exprimés dans ces vers de Racine *ne sont point purement dans la nature* ; ils contredisent au contraire la voix du cœur. Hector ne conseille point à son fils d'avoir *de ses aïeux un souvenir modeste* ; en élevant Astyanax vers le Ciel, il s'écrie :

« Ô Jupiter, et vous tous, dieux de l'Olympe, que mon fils règne, comme moi, sur Ilion ! faites qu'il obtienne l'empire entre les guerriers ; qu'en le voyant revenir chargé des dépouilles de l'ennemi, on s'écrie : Celui-ci est encore plus vaillant que son père ! » Énée dit à Ascagne :

> *... Et te, animo repetentem exempla tuorum,*
> *Et pater Æneas, et avunculus excitet Hector*[2].

À la vérité, l'Andromaque moderne s'exprime à peu près comme Virgile sur les aïeux d'Astyanax. Mais après ce vers :

> *Dis-lui par quels exploits leurs noms ont éclaté,*

elle ajoute :

> *Plutôt ce qu'ils ont fait, que ce qu'ils ont été.*

Or, de tels préceptes sont directement opposés au cri de l'orgueil : on y voit la nature corrigée, la nature plus belle, la nature évangélique. Cette humilité que le christianisme a répandue dans les sentiments, et qui a changé pour nous le rapport des passions, comme nous le dirons bientôt, perce à travers tout le rôle de la moderne Andromaque. Quand la veuve d'Hector, dans l'*Iliade*, se repré-

---

1. *Deposuit potentes de sede* : « Il a renversé les puissants de leur trône » ; citation du *Magnificat*, chant tiré du cantique de la Vierge allant visiter sa cousine Élisabeth (Luc, I, 39-56).
2. Citation de Virgile, *Énéide*, livre XII, vers 439-440 : « Et toi, repasse en esprit les exemples des tiens ; qu'Énée ton père, Hector ton oncle animent ta vaillance. »

sente la destinée qui attend son fils, la peinture qu'elle fait de la future misère d'Astyanax a quelque chose de bas et de honteux ; l'humilité, dans notre religion, est bien loin d'avoir un pareil langage : elle est aussi noble qu'elle est touchante. Le chrétien se soumet aux conditions les plus dures de la vie : mais on sent qu'il ne cède que par un principe de vertu ; qu'il ne s'abaisse que sous la main de Dieu, et non sous celle des hommes ; il conserve sa dignité dans les fers : fidèle à son maître sans lâcheté, il méprise des chaînes qu'il ne doit porter qu'un moment, et dont la mort viendra bientôt le délivrer ; il n'estime les choses de la vie que comme des songes, et supporte sa condition sans se plaindre, parce que la liberté et la servitude, la prospérité et le malheur, le diadème et le bonnet de l'esclave, sont peu différents à ses yeux. »

François René de CHATEAUBRIAND,
Génie du christianisme (II, II, 6), 1802.

L'essai de Thierry Maulnier marque un tournant dans la critique racinienne : délaissant l'analyse psychologique, Maulnier s'attache à l'étude de la poétique tragique du dramaturge. Selon lui, les héros de Racine sont tragiques parce que « parfaitement solitaires » : rien ni personne ne peut leur porter secours, pas même une morale, puisque la morale console. C'est ainsi qu'à l'inverse de Chateaubriand, Maulnier voit en Andromaque une amante bien plus qu'une mère.

« Des observateurs superficiels ont voulu faire d'Andromaque ou de Phèdre des héroïnes morales. Mais Andromaque ne défend pas la fidélité conjugale ; elle défend la fidélité amoureuse. Elle n'observe pas une loi sacrée, une obligation, une promesse faite, elle réclame la liberté d'aimer un mort. Il n'y a qu'une explication d'Andromaque, c'est la fidélité exaltée de la passion amoureuse et du souvenir charnel. Devant cet amour, devant cette passion, le devoir est d'assurer la vie à son fils. On sait combien ce devoir lui répugne. Devant Hector, Astyanax lui-même compte bien peu. À vrai dire, Astyanax n'est pas pour Andromaque Astyanax, il est le fils d'Hector, il est l'image d'Hector, la chair d'Hector perpétuée ; elle le caresse en amoureuse :

C'est toi-même, c'est toi, cher époux, que j'embrasse.

c'est Hector, et non Astyanax. Pyrrhus lui-même, tout sauvage qu'il est, ne s'y trompe pas, et le montre avec une brutalité étrange :

… Que je lui laisse un fils pour nourrir son amour ?

On a voulu qu'Andromaque aimât Pyrrhus en secret. Elle aime à peine Astyanax. Elle n'aime qu'Hector, et, à sa fidélité passionnée, elle balance longtemps de sacrifier Astyanax lui-même, et elle finit par s'y résigner. Croit-elle, par son malheureux stratagème, qui est d'épouser Pyrrhus, et de se tuer avant qu'Hector ait été réellement et charnellement trahi, désarmer la vengeance de son maître dupé ? Croit-elle que Pyrrhus se croira lié par un pacte qu'elle-même aura signé avec tant de mauvaise foi ? À vrai dire, à la certitude de voir vivre Astyanax qu'elle ne sera plus là pour défendre, elle préfère la certitude de sa fidélité au mort. Et qu'on le remarque bien, elle sacrifie à Astyanax sa fidélité d'épouse, – puisqu'elle mourra femme de Pyrrhus, – non sa fidélité d'amante qu'elle gardera jusqu'au bout. Andromaque n'est rien que l'amante d'Hector. En elle ne luttent point le devoir conjugal et l'amour maternel. Mais, jusque dans sa maternité, la passion règne seule, au-delà de la mort liée encore à la chair. »

Thierry MAULNIER, *Racine*, 1935
(« Folio essais », 1988 © Éditions Gallimard).

Dans son étude historique des *Morales du grand siècle*, Paul Bénichou démontre qu'après 1650, sous l'influence du pessimisme moral lié au jansénisme, les écrivains procèdent à la « démolition du héros » : l'idéal du héros conçu par Corneille, « ce type d'homme plus qu'homme », tombe en désuétude et fait place à un *nouvel esprit*, celui de Racine, qui rompt avec la tradition de la tragédie héroïque.

« Avec *Andromaque* se dessine une psychologie de l'amour, que Racine a reprise et approfondie ensuite, surtout dans *Bajazet* et dans *Phèdre*, et qui est, dans son théâtre, l'élément le plus ouvertement et le plus violemment contraire à la tradition. Autour de Racine, dans le théâtre tragique de son temps et dans les romans qui avaient la faveur du public, triomphait partout l'esprit, plus ou moins modernisé, de la chevalerie romanesque. On peut dire que jamais en France cet esprit n'avait été battu en brèche ailleurs que dans la littérature satirique ou la comédie. Les grands genres restaient son domaine. Racine a rompu la tradition, en introduisant dans la tragédie un amour violent et meurtrier, contraire en tous points aux habitudes courtoises. Le caractère dominant de l'amour chevaleresque réside dans la soumission ou le dévouement à la personne aimée ; il ne se permet d'aspirer à la possession que moyennant une sublimation préalable de tous ses mouvements. Racine détruit d'un trait de plume toute cette construction quand il écrit dans la préface d'*Andromaque*, en réponse à ceux qui trouvaient Pyrrhus trop brutal : « J'avoue qu'il n'est pas assez résigné à la volonté de sa maîtresse et que Céladon a mieux connu que lui le parfait amour. Mais que faire ? Pyrrhus n'avait pas lu nos romans. » De fait l'amour, tel qu'il apparaît chez les deux personnages principaux d'*Andromaque*, n'a plus rien de commun avec le dévouement : c'est un désir jaloux, avide, s'attachant à l'être aimé comme à une proie ; ce n'est plus un culte rendu à une personne idéale, en qui résident toutes les valeurs de la vie. Le comportement le plus habituel de cet amour, dans lequel la passion de posséder est liée à une insatisfaction profonde, au point qu'on le conçoit malaisément heureux et partagé, est une agressivité violente à l'égard de l'objet aimé, sitôt qu'il fait mine de se dérober. L'équivalence de l'amour et de la haine, nés sans cesse l'un de l'autre, cet axiome qui est la négation même du dévouement chevaleresque, est au centre de la psychologie racinienne de l'amour. Encore entrevoit-on, chez Pyrrhus et chez Hermione, la possibilité d'une autre attitude, si leurs vœux étaient exaucés. »

Paul Bénichou, *Morales du grand siècle*, 1948
(« Folio essais », 1998 © Éditions Gallimard).

LIRE, VOIR, ENTENDRE

BIBLIOGRAPHIE

– Roland BARTHES, *Sur Racine*, Le Seuil, « Points », 1963, réédité en 1979.

– Revue *Europe*, n° 453 consacré à Racine, 1967.

– Alain NIDERST, *Racine et la tragédie classique*, P.U.F., « Que sais-je », n° 1753, 1978.

– Jacques SCHERER, *Racine et/ou la cérémonie*, P.U.F., 1982.

FILMOGRAPHIE

– Michel CACOYANNIS, *Les Troyennes*, 1971.

– Giorgio FERRONI, *La Guerre de Troie*, 1961.

– Robert WISE, *Hélène de Troie*, 1954.

MISES EN SCÈNE RÉCENTES

– Roger PLANCHON, au T.N.P. de Lyon, 1989 ; avec Christine Boisson, Miou-Miou, Richard Berry, André Marcon.

– Jean-Pierre ROSSFELDER, au Théâtre de la Tempête (Cartoucherie), Paris, 1991 ; avec Anne de Broca, Muriel Picart, Claude Duparfait, Jean-Paul Audrain.

– Marc ZAMMIT, au Théâtre national de Chaillot, Paris, 1992.

– Daniel MESGUICH, au Théâtre national de Lille-Tourcoing, 1992.

Achille : fils de la déesse Thétis et du roi Pélée, père de Pyrrhus (ou Néoptolème). Sa mère l'a trempé dans le fleuve Styx pour le rendre invulnérable, mais le talon par lequel elle le tenait n'a pas bénéficié de cette protection. Dans l'*Iliade*, pour venger son ami Patrocle, il tue Hector, sous les remparts de Troie. Il est lui-même tué par une flèche de Pâris – peut-être dirigée par Apollon – qui l'atteint au talon.

Agamemnon : roi de Mycènes et d'Argos, fils d'Atrée, frère de Ménélas, père d'Oreste. Chef du parti grec pendant la guerre de Troie, à son retour il est assassiné par Clytemnestre, son épouse, aidée de son amant Égisthe, usurpateur du trône en l'absence du roi.

Andromaque : son père, Éétion, le roi de Thèbes, ainsi que ses frères, ont été massacrés par Achille. Épouse d'Hector dont elle a un fils, Astyanax, lors de la prise de Troie elle devient l'esclave de Pyrrhus et, d'après la légende, un fils naît de leur union : Molossos (ou Molossus). Racine ne choisit pas cette version (voir sa seconde préface, p. 33).

Argos : ville grecque du Péloponnèse, capitale du royaume d'Agamemnon.

Astyanax : fils d'Hector et d'Andromaque. D'après la tradition, à la chute de Troie, les Grecs le précipitent du haut des remparts de la ville. Racine choisit une autre version, selon laquelle l'enfant, ayant échappé aux Grecs, aurait survécu, caché par sa mère.

Buthrote : ville d'Épire où règne Pyrrhus.

Cassandre : fille de Priam et d'Hécube. Apollon lui a conféré le don de prédiction, mais, comme elle a refusé son amour, il l'a punie en lui refusant le pouvoir de convaincre les gens : personne ne croit à ses prophéties. Ramenée à Argos par Agamemnon lors de la chute de Troie, elle est assassinée en même temps que lui.

Épire : royaume grec situé au nord-ouest du Péloponnèse ; royaume d'Achille puis de Pyrrhus.

Furies (allusion au v. 1637 avec l'expression « filles d'enfer ») : appelées aussi Érinyes, elles sont trois : Alecto, Tisiphonè, Mégère. Créatures ailées aux longs cheveux entremêlés de serpents, elles harcèlent sans fin leurs victimes (essentiellement les homicides, et plus particulièrement les parricides) jusqu'à ce qu'elles sombrent dans la folie.

Hector : fils de Priam et d'Hécube, époux d'Andromaque, père d'Astyanax. Dans l'*Iliade*, il est présenté comme le plus courageux des Troyens. Il est tué par Achille en combat singulier sous les remparts de Troie.

Hécube : épouse de Priam, mère d'Hector, mais aussi de Cassandre.

Elle voit mourir successivement tous ses enfants.

Hélène : épouse de Ménélas, mère d'Hermione, c'est la plus belle femme du monde. Elle est enlevée par Pâris et, pour la reprendre, les Grecs déclarent la guerre aux Troyens. Elle est donc directement à l'origine de la guerre de Troie.

Hermione : fille de Ménélas et d'Hélène, elle a été fiancée à Oreste, puis Ménélas l'a promise à Pyrrhus pour des raisons politiques. Restée sans enfant, elle poursuit de sa haine Andromaque, esclave et concubine de Pyrrhus, qui lui a donné un fils (Molossos). Après la mort de Pyrrhus, elle épouse son meurtrier, Oreste. Racine ne choisit pas cette version.

Ilion : autre nom de la ville de Troie (fondée par Ilos, arrière-grand-père d'Hector).

Ménélas : roi de Sparte, fils d'Atrée et frère d'Agamemnon, père d'Hermione. Pour reprendre possession de son épouse Hélène, il convoque tous les princes de la Grèce et leur demande de déclarer la guerre à Troie.

Molossos (ou Molossus) : fils naturel de Pyrrhus et d'Andromaque. D'après la légende, il monte sur le trône d'Épire et donne son nom aux habitants de ce pays : les Molosses.

Oreste : fils d'Agamemnon et de Clytemnestre. Pour venger le meurtre de son père, il assassine l'usurpateur du trône et sa mère, si bien qu'il est poursuivi par les Furies. Puis, purifié de son crime, il revient en Grèce pour reprendre à Pyrrhus sa fiancée Hermione. D'après la légende, à la mort de Pyrrhus, il épouse Hermione et règne sur Argos et Sparte.

Phrygie : région du nord-ouest de l'Asie Mineure, arrière-pays de Troie.

Polyxène : fille cadette de Priam. Pyrrhus l'a sacrifiée sur le tombeau d'Achille, son père, qui s'était épris de la jeune fille avant de mourir.

Priam : roi de Troie, père d'Hector. Lors de la chute de la ville, il est égorgé par Pyrrhus, sur l'autel même du temple de Zeus où il avait cherché refuge.

Pylade : cousin d'Oreste, il est surtout son ami dévoué ; selon la légende, il épouse la sœur aînée d'Oreste : Électre.

Pyrrhus : c'est le surnom de Néoptolème ; fils d'Achille, il se couvre de gloire lors de la prise de Troie et venge la mort de son père en massacrant les Troyens (dont le fils d'Hector : Astyanax). Dans son butin, il reçoit Andromaque ; de cette concubine il a un fils (Molossos). Il meurt assassiné lors d'un complot organisé par Oreste, qui souhaite retrouver Hermione, femme de Pyrrhus qui lui avait été auparavant fiancée. Racine s'écarte notablement de cette tradition.

Scythes : peuple du bord de la mer Noire, réputé très cruel chez les Grecs.

Sparte : ville du Péloponnèse, capitale du royaume de Ménélas.

Troie : capitale du royaume de Priam, attaquée et réduite en cendres par les Grecs sous le prétexte de venger l'outrage fait à Ménélas, mais en réalité parce qu'ils convoitaient son opulence. (voir plus haut, Ilion)

Ulysse : roi d'Ithaque, le plus rusé des Grecs ; c'est lui qui imagine le stratagème du cheval de bois pour tromper les Troyens et occasionne ainsi la chute de la ville. Homère raconte les péripéties de son retour à Ithaque dans l'*Odyssée*.

LES MOTS D'ANDROMAQUE

Alarme(s) : émotion causée par un danger soudain ; au pluriel : vive inquiétude, souci (appartient à la langue soutenue).

Amant : homme qui éprouve des sentiments amoureux pour une femme, qu'ils soient ou non réciproques (v. 403 ou 455). Le sens moderne d'« homme ayant des relations physiques avec une femme sans être marié avec elle » est exceptionnel au XVIIe siècle.

Amante : femme attachée à un homme par des sentiments passionnés (v. 1545).

Amants : couple s'aimant d'un amour réciproque.

Ardeur(s) : au sens propre, chaleur intense ; au sens figuré, entre dans la métaphore galante du feu et signifie : vif empressement, amour passionné, désir violent.

Chagrin : souffrance causée par une contrariété vive ; douleur mêlée de colère, hostilité. Le sens est plus fort que celui de « tristesse » qu'il a aujourd'hui.

Charmant : qui plaît extrêmement, qui exerce un attrait puissant sur les sens.

Charme : conformément à son étymologie : sortilège, puissance magique (v. 673). Sens affaibli : attrait, agrément.

Charmer : ensorceler, soumettre à sa volonté, maîtriser en jetant un sort. Sens affaibli : plaire extrêmement.

Connaître : comprendre, se rendre compte de, ou reconnaître, identifier.

Se connaître : avoir conscience de son état, des conditions où l'on est.

Cruauté(s) d'une maîtresse : son indifférence, ses rigueurs. Le mot *cruel* et ses dérivés sont employés 29 fois dans *Andromaque*.

Cruel : qui aime infliger des souffrances, la mort (v. 427,

887). Dur, sévère, rigoureux. En parlant d'une chose : qui provoque une souffrance (avec réminiscence du sens étymologique concret : qui fait couler le sang (v. 997). En parlant d'un(e) amant(e) : insensible, qui se montre indifférent(e) à la passion de l'autre (v. 1397).

Ennui : tourment de l'âme, désespoir, violent chagrin (v. 376, 1403). Racine place ce mot « à la rime presque toujours, où il se prolonge et pèse, aigu et lent dans sa terminaison. Il le détache, l'allie à des verbes actifs : *charger, presser, animer* ; il l'entoure de mots de sang et de mort ». (L. Rochon, « Le vocabulaire de Racine », Revue *Europe*, 1967.)

Fer(s) : s'emploie toujours par image. Au singulier : il désigne une arme (v. 1004, 1034). Au pluriel : par métonymie (de l'objet pour l'état), il désigne les chaînes de l'esclavage, donc la servitude (v. 203, 348, 931). Plus particulièrement, par métaphore du sens précédent, il s'emploie pour désigner l'état de l'amoureux soumis à sa maîtresse (donc « captif », v. 319).

Feu(x) : terme du vocabulaire galant ; tout comme *ardeur, brûler, flamme*, il est employé métaphoriquement (au singulier comme au pluriel) pour désigner la passion amoureuse (v. 95, 108, 468).

Fier : farouche, sauvage, cruel ; puis : orgueilleux, insensible (v. 397, 635).

Fierté : rigueur, insensibilité d'une femme courtisée.

Le sens de ces mots s'est affaibli après le XVIIe siècle.

Flamme : métaphore du vocabulaire galant employée pour désigner l'amour (v. 40).

Foi : promesse, serment, parole donnée (v. 462, 1107, 1138) ; fidélité à cet engagement : loyauté (v. 437, 1075, 1128) ; amour fidèle (v. 819, 1023, 1043) ; sincérité, confiance.

Fortune : évoque, conformément à son étymologie, le sort, le hasard, la destinée (v. 2), qu'elle soit heureuse (v. 441) ou fatale (v. 829). Ce mot prend également le sens plus restreint de « situation sociale » (v. 913).

Funeste : mortel, fatal (v. 5, 45, 153) ; en parlant de la mort : tragique, violent. Dans la bouche d'Hermione, ce mot rime souvent avec Oreste (v. 1417). Aujourd'hui, il n'a plus que le sens atténué de « nuisible », « dommageable ».

Fureur : folie furieuse, égarement d'esprit (v. 709, 726, 1573). Au pluriel : manifestations, preuves de déraison, actes de folie. Le sens actuel de « grande colère » est usuel au XVIIe siècle (v. 1388, 1641).

Gloire : honneur, considération (v. 822) ; réputation intacte aux yeux d'autrui et de soi-même.

Hymen/hyménée : en poésie, désigne le mariage.

Ingrat(e) : terme spécialisé dans le vocabulaire amoureux et galant comme *cruel(le)* ou *inhumain(e)* pour qualifier celui ou celle qui ne répond pas à l'amour qu'on lui porte (v. 436, 440, 657, 685, 1441, 1446) ; ingrat et ses dérivés sont employés 25 fois dans *Andromaque*, tragédie de l'amour non partagé.

Nœud(s) : au sens figuré, désigne l'attachement, le lien d'amour ou l'engagement officiel des fiançailles ou du mariage (v. 443).

Sang : race, extraction, famille. Autre sens : la vie des hommes (en parlant de mort : le meurtre).

Soin : attention, intérêt apporté à quelqu'un ou quelque chose. Au pluriel : assiduités, marques de dévouement à la personne aimée. Signifie aussi : souci (v. 62, 195, 244) ; occupation (v. 310) ; tâche, mission (v. 511).

Succès : issue, résultat bon ou mauvais (v. 765). Le sens moderne de « résultat heureux », « réussite » devient courant au milieu du XVIIe siècle.

Transport(s) : au sens figuré, désigne les manifestations d'une passion violente, en particulier de l'amour, mais aussi de la colère. Ce mot est employé 14 fois dans *Andromaque*, tragédie de la violence.

Vœux : dans le vocabulaire galant, désigne le désir amoureux et ses manifestations (v. 5, 35, 117).

LES TERMES DE CRITIQUE

Allitération : répétition d'une même consonne créant une unité sonore.

Anacoluthe : rupture de construction syntaxique qui provoque un déséquilibre et un effet de surprise dans la phrase.

Anaphore : répétition du même mot (ou groupe de mots) au début de plusieurs phrases (ou de plusieurs vers). Elle rythme la phrase, souligne une idée ou une obsession.

Antiphrase : mot ou phrase signifiant l'inverse de ce qu'il ou elle paraît vouloir dire. C'est un procédé de l'ironie.

Antithèse : opposition de mots de sens contraire dans le but de mettre en relief l'idée principale ou de faire ressortir un contraste.

Aparté : discours secret prononcé par un personnage à l'insu des autres personnages en scène ; les apartés peuvent être adressés à soi-même ou à un autre ; ils sont en général courts.

Apostrophe : parole qui interpelle un personnage (présent ou absent, vivant ou mort), un objet, ou une idée.

Césure : coupe qui délimite les différentes parties d'un vers ; elle intervient généralement au milieu du vers (un alexandrin est souvent césuré en deux fois six syllabes), mais elle peut être avancée ou retardée pour mettre un élément en relief. La ponctuation ou la syntaxe aide à repérer la césure.

Chiasme : figure qui place en ordre inverse deux groupes de mots identiques d'après la syntaxe ou le sens, suivant le schéma ABB'A'.

Connotation : ensemble des idées suggérées par un terme, en opposition avec dénotation : sens de base.

Contre-rejet : mot (ou groupe de mots brefs) placé à la fin d'un vers mais appartenant logiquement et syntaxiquement au suivant.

Coup de théâtre : événement inattendu, renversement de situation.

Didascalies : ensemble des indications de mise en scène qui permettent au lecteur de comprendre ce que le spectateur voit (les déplacements, les gestes des personnages, leurs tons, le décor...). Elles peuvent être explicites (indiquées entre parenthèses ou en italique) ou implicites (intégrées au discours des personnages).

Diérèse : dissociation en deux syllabes de deux voyelles qu'on prononce ordinairement en une seule syllabe. Le mot compte alors une syllabe supplémentaire : « vi-o-lon », au lieu de « vio-lon ».

Dilemme : obligation pour un personnage de choisir entre deux possibilités aussi peu satisfaisantes l'une que l'autre.

Dramatique : relatif au théâtre (du grec *drama* : action). Par extension, ce terme qualifie ce qui est surprenant ou grave dans un récit ou une intrigue.

Enjambement : débordement long d'un vers sur le suivant (on ne s'arrête pas à la fin du vers).

Éponyme : le personnage ou héros éponyme est celui qui donne son nom à la pièce de théâtre.

Épopée : long poème narratif qui raconte les actions héroïques d'un homme ou d'un peuple en y ajoutant des faits merveilleux. Le ton épique exalte ces exploits.

Euphémisme : expression destinée à atténuer une idée jugée brutale ou désagréable.

Fausse sortie : procédé théâtral par lequel un personnage fait semblant de quitter la scène pour être retenu par un autre, ou se ravise au dernier moment.

Gradation : succession de termes ou d'expressions dont l'intensité est croissante ou décroissante ; elle produit un effet de rapprochement, d'augmentation ou au contraire d'épuisement.

Hémistiche : moitié d'un vers : la césure placée au milieu du vers détermine deux hémistiches.

Hyperbole : figure consistant à exagérer l'expression d'une réalité pour lui donner plus de force.

Hypotypose : description vive et énergique, qui semble mettre la réalité sous les yeux du lecteur.

Image : procédé d'analogie qui tend à rendre une idée plus compréhensible ou plus belle en lui donnant une forme empruntée à un autre domaine. La comparaison est une image. Voir *métaphore, métonymie, synecdoque*.

Ironie : consiste à faire entendre le contraire de ce qu'on dit.

Ironie tragique : acharnement du sort qui semble prendre au mot un personnage inconscient de ce qui va l'accabler.

Lyrisme : expression des sentiments personnels. Quand on s'exprime sur un ton lyrique, on parle de soi et on cherche à faire partager ses sentiments à son interlocuteur.

Maxime : formule concise et frappante qui énonce une vérité morale, une règle générale de conduite.

Métaphore : comparaison sans outil de comparaison (*ex.* : Pierre est un vrai bulldozer). La métaphore est dite filée lorsqu'elle se prolonge sur plusieurs phrases.

Métonymie : image désignant la réalité choisie non par son nom mais par un autre, qui entretient avec cette réalité une relation logique ou de voisinage (le contenant pour le contenu, la cause pour l'effet… : L'Élysée a déclaré… = le président…).

Monologue : discours à soi-même d'un personnage seul en scène.

Oxymore : alliance de termes de sens contraire au sein d'un même groupe, par exemple nom et adjectif. Cette figure sert à mettre en relief de façon violente une contradiction.

Palinodie : rétractation de ses propos antérieurs. Changement complet d'attitude ou d'opinion.

Paradoxe : idée qui surprend parce qu'elle est en contradiction avec ce qu'on admet ordinairement, ou parce qu'elle comporte simultanément deux affirmations contradictoires.

Pathétique : qui émeut fortement la sensibilité du spectateur ou du lecteur, qui suscite chez lui la pitié par la représentation de la souffrance d'un personnage.

Périphrase : ensemble de mots utilisés pour désigner un être ou un objet sans lui donner son nom précis. Crée une attente ou attire l'attention sur une qualité particulière de l'être ou de l'objet.

Péripétie : tout nouvel événement qui fait avancer l'action.

Polysémie : significations différentes d'un même mot selon son contexte.

Protagoniste : personnage qui joue un rôle important dans une intrigue.

Quiproquo : méprise qui fait prendre une personne ou une chose pour une autre.

Rejet : mot (ou groupe de mots) bref reporté d'un vers sur le suivant. C'est une sorte d'enjambement raccourci.

Stichomythie : duel verbal où les interlocuteurs se répondent vers à vers, ce qui provoque un effet de rapidité et de violence.

Synecdoque : image qui substitue à un être ou un objet un mot désignant une partie de cet être ou de cet objet, ou la matière dont il est constitué.

Synérèse : fusion de deux sons vocaliques au sein d'un même mot pour ne plus former qu'une syllabe. C'est le phénomène inverse de la diérèse.

Tragique : relatif à la tragédie, donc : « effroyable », mais aussi « fatal ».

POUR MIEUX EXPLOITER
LES QUESTIONNAIRES

Ce tableau fournit la liste des rubriques utilisées dans les questionnaires, avec les renvois aux pages correspondantes, de façon à permettre des **études d'ensemble** sur tel ou tel de ces aspects (par exemple dans le cadre de la lecture suivie).

RUBRIQUES	PAGES				
	Acte I	Acte II	Acte III	Acte IV	Acte V
DRAMATURGIE		71, 77	95, 100	105, 113, 119	124, 128, 133
GENRES	44, 57	63, 71	99	119	128, 134
MISE EN SCÈNE	49		89, 95		124, 128, 133
PERSONNAGES	44, 56, 57	63, 76, 77	82, 99, 100	118, 119	128, 133, 134, 135
QUI PARLE ? QUI VOIT ?	49		86, 99		
REGISTRES ET TONALITÉS	56, 57	69, 71, 76, 77	86, 89, 95	105, 111, 118	124, 134, 136
SOCIÉTÉ		76		113	133
STRATÉGIES	49, 57	63, 69	82, 86, 89, 95, 99	105, 111, 118	
STRUCTURE	49		82	113	135
THÈMES		69	82, 100	111	

TABLE DES MATIÈRES

L'UNIVERS DE L'ŒUVRE

ANNEXES

Les photographies de cette édition sont tirées des mises en scène suivantes :

Mise en scène de Maurice Donneaud, décor et costumes de Roland Oudot, Comédie-Française, 1947. – Mise en scène de Jean-Louis Barrault, décor et costumes de Bernard Daydé, Odéon-Théâtre de France, 1962. – Mise en scène de Daniel Mesguich, décor et costumes d'Alain Batifoulier, Biothéâtre Opéra, 1975. – Mise en scène de Patrice Kerbrat, décor et costumes de Philippe Kerbrat, Comédie-Française, 1981. – Mise en scène de Roger Planchon, décor d'Ezio Frigerio, costumes de Jacques Schmidt, sculptures de Gionni Giannese, T.N.P. de Lyon, 1989. – Mise en scène de Marc Zammit, décor et costumes de Carlo Tommasi, Théâtre national de Chaillot, 1992.

COUVERTURE : *Andromaque et Pyrrhus*, détail de Pierre Narcisse, baron Guérin (1774-1833). (Musée du Louvre, Paris - Ph.©R.M.N.)

Direction éditoriale : Pascale Magni – *Coordination* : Franck Henry – *Édition* : Stéphanie Jouan – *Révision des textes* : Lucie Martinet – *Iconographie* : Christine Varin – *Maquette intérieure* : Josiane Sayaphoum – *Fabrication* : Jean-Philippe Dore – *Compogravure* : PPC.

Imprimé en France par FRANCE QUERCY – N° de projet : 10193962
Dépôt légal 1re éd. : juillet 2003 - Dépôt légal : janvier 2013